U0362377

新型城镇化背景下
农村居民文化艺术需求研究

——以天津市为例

王昕　著

南开大学出版社

天　津

图书在版编目(CIP)数据

新型城镇化背景下农村居民文化艺术需求研究：以天津市为例 / 王昕著. —天津：南开大学出版社，2019.1

ISBN 978-7-310-05695-8

Ⅰ.①新… Ⅱ.①王… Ⅲ.①农村－文化艺术－消费市场－顾客需求－研究－天津 Ⅳ.①G127.21

中国版本图书馆 CIP 数据核字(2018)第 281860 号

南开大学出版社出版发行
出版人：刘运峰

地址：天津市南开区卫津路 94 号　　邮政编码：300071

营销部电话：(022)23508339　23500755

营销部传真：(022)23508542　　邮购部电话：(022)23502200

*

北京建宏印刷有限公司印刷

全国各地新华书店经销

*

2019 年 1 月第 1 版　　2019 年 1 月第 1 次印刷

210×148 毫米　32 开本　4.75 印张　1 插页　113 千字

定价：35.00 元

如遇图书印装质量问题,请与本社营销部联系调换,电话：(022)23507125

本著作是天津市艺术科学规划项目（B14025）成果。由天津商业大学"十二五"专业建设经费资助出版。

序

　　农村文化艺术建设能够提高居民文化艺术素质，带动文化市场繁荣。随着新型城镇化建设的推进和农村居民收入水平的提高，农村居民消费结构由基本物质消费向重精神文化艺术消费转变，文化艺术需求占社会需求的比重逐渐增加，这为新农村文化艺术建设带来了新契机。但在推进农村文化建设的实践中，诸多问题显现出来，例如农村居民文化艺术需求严重滞后于农村居民收入水平；在农村居民城镇化的过程中，文化艺术需求与城镇化身份难以融合。农村文化艺术市场仍有很大缺口，制约了农村居民文化艺术建设和效用满足，从而影响新型城镇化建设的进程和文化市场的繁荣发展。如何激发农村居民文化消费需求，繁荣文化市场和推进农村文化艺术建设，成为学者们关注的焦点问题。

　　基于目前农村居民文化消费需求的相关背景，王昕博士的学术专著从农村居民文化消费需求的现状着眼，基于城镇化政策实施和收入分层的视角，探讨农村居民文化消费需求的特征、偏好、影响因素及未来的发展趋势，并从供需匹配视角测度了文化消费满意度影响因素，体现了研究的深度和独特的应用价值。作为王昕博士的指导教师，我认为该著作兼具深厚理论基础和实践探索意义，可向农业经济学界推广。

　　本书是在天津市艺术规划项目研究报告的基础上修改完善的，其最可贵之处就是从城镇化政策实施和收入分层的视角探讨了农村居民文化消费需求的问题。在广泛搜索文献的基础上，以天津市为调查区域，利用实地调研资料，实现了如下目标：其一，对农村居民文化艺术需求的总量、结构及变化特点进行测定，讨论新型城镇建设背景下农村居民文化艺术消费的基本特征；其二，运用二次近似理想需求系统（QUAIDS）模型，估计农村居民不同类型文化艺术产品的需求替代弹性和价格弹性，考察文化产品间的互补和替代效应，分析新型城镇化背景下农村居民文化艺术需求偏好；其三，运用倾向得分匹配模型的反事实估计考察城镇化前后农村居民文化艺术需求差异；采用 Ordered Probit 模型，考察收入差异对农村居民文化艺术需求影响的作用机制；其四，从政府供给和市场供给的双重视角，考察农村居民文化产品消费满意度，试图实现文化产品供需匹配的目标；其五，对新型城镇化背景下农村居民文化艺术需求趋势进行预测，并指出未来农村居民文化艺术消费需求发展的新趋势；其六，在研究结论的基础上，提出新型城镇化背景下满足农村居民文化艺术需求的政策建议。该著作在进行大量数据调查和分析的基础上，较为系统地阐述了农村居民文化艺术消费问题，具有较强的探索性和实践意义，具有敏锐的学术眼光。

在我看来，本书最大的创新之处在于重点讨论了城镇化建设和收入差异对农村居民文化艺术需求的作用机制，系统而深入地考察了农村居民文化需求的问题，为满足农村居民文化消费需求提供了有效的参考依据。与此同时，作者通过分析微观调查数据，阐明天津市农村居民文化艺术需求的特征、影响因素并对趋势进行预测，在文化艺术需求定量化分析的基础上实现了创新。本书的理论框架构建和数理模型分析层层深入，显示出较强的逻辑性和实证性，进一步丰富了我国农村文化艺术需求理论的研究内容。

当然，本书也存在若干不足，特别是调查样本上，从各个区域考察农村居民文化消费需求水平的研究有待进一步深化；在研究内容上，对如何度量公益性和非公益性文化产品和服务的消费需求，比较农村居民在这两类不同文化产品消费需求上的差异，构建与农村居民文化消费需求相匹配的公共文化服务机制，还可进一步阐释和说明。望王昕博士今后在上述方面进行更为深入的研究。

陆　迁

2018 年 6 月

摘　要

　　加强农村文化艺术建设是提高居民文化艺术素质和繁荣文化市场的重要途径。新型城镇化建设的推进和农村居民收入水平的提高，为天津新农村文化艺术建设带来了新契机。但笔者经实地调研发现，农村居民文化艺术需求严重滞后于农村居民收入水平；且在农村居民城镇化的过程中，存在文化艺术需求与城镇化身份难以融合等问题。农村文化艺术市场仍有很大缺口，这制约了农村居民文化艺术建设和效用满足，进一步影响天津新型城镇化建设的进程和文化市场的繁荣发展。文化艺术需求属于消费者心理层面，地域性较强，因此加强区域内部文化艺术需求的差异性研究，探讨天津市农村居民文化艺术需求的特征、影响因素及发展趋势，对于丰富文化艺术需求理论，促进社会主义新农村文化艺术建设具有重要意义。

　　本书以天津市为调查区域，以新型城镇化建设为背景，基于微观农村居民调查数据，探讨了农村居民文化消费需求问题，试图为农村文化艺术建设和文化市场的繁荣提供理论和实证依据。本书内容主要从以下几方面展开：第一，基于天津市农村居民的微观调查数据对天津市农村居民文化消费现状进行分析，发现农村居民文化消费存在农村居民文化消费需求偏低、文化产品消费结构单一、文化基础设施供需不匹配、文化消费动力不足等问题。第二，通过运用二次近似理想需求系统（QUAIDS）模型估计农村居民文化产品消费需求弹性及其影响因素。实证结果表明：随着消费支出的变化，农村居民文化消费偏好由弱到强依次为：网络电视类、报纸杂志类、技能培训类、艺术类、棋牌类、休闲娱乐类。在价格弹性方面，报纸杂志类、网络电视类产品的消费缺乏价格弹性；休闲娱乐类产品的消费自价格弹性的绝对值接近1；而技能培训类、艺术类、棋牌类产品消费富有价格弹性。第三，应用倾向得分匹配方法的反事实估计测度了城镇化政策对农村居民文化消费需求意愿的影响。结果表明，农村居民文化产品消费需求意愿经过倾向性评分匹配，进行样本选择纠偏后的平均效应达到16%，由此可知，城镇化对农村居民文化产品消费需求意愿有非常显著的正向影响，这种正向影响效应主要是通过消费环境的优化来实现的，具体表现为提高基础设施建设和公共文化服务。第四，运用 Ordered Probit 模型，研究中高低收入分层下农村居民文化艺术产品消费意愿的影响因素，研究结果表明，被调查农村居民愿意将不到10%的收入用于技能培训类产品、报纸杂志类产品、棋牌类产品、艺术类产品的消费；愿意将收入的 10%～20%用于休闲娱乐类产品和网络电视类产品的消费。影响因素及收入分层模型的估计结果表明，受教育程度、闲暇时间、收入、价格水平、市场供给、政府供给等因素对中等收入组农村居民的正向消费激励作用更为突出，只有收入达到一定水平时，文化消费需求的变动才会明显，收入对文化消费意愿的影响具有一定门槛效应。第五，运用 Ordered Probit 模型和微观调查数据对农村居民不同类型产品消费满意度进行评价。总体来看，农村居民文化产品消费满意度普遍较低。市场主体的价格评价、产品内容、市场监管规范性和政府主体的文化基础设施规模、公共文化服务质量、文化管理机制健全程度是影响文化产品消费满意度的重要因素，且这些因素对不同类型的文化产品消费满意度作用方向不一。此外，农村居民满意度还受年龄、受教育程度、消费偏好的影响，与性别关联不大。第六，通过介绍及建立多元线性回归模型，利用 2000—2014 年农村居民人均文化消费支出数据，对天津市 2016—2020 年的文化消费需求进行预测,得出采用多元线性回归模型的平均预测精度为 95%,天津市近 5 年来农村居民文化消费需求将有较快的增长速度,农村文化产业将有较好的发展前景,文化消费呈现新趋势。第七,提出新型城镇化背景下满足农村居民文化艺术需求的政策建议,并指出本书中需要进一步拓展的方向及展望。

目 录

1 导言

　　随着收入水平的提高和新型城镇化建设的推进，农村居民的生活质量得到改善，消费结构正由基础的物质需求向更高层次的文化消费需求转变，文化消费逐渐成为拉动经济的新增长点，如何满足农村居民的文化艺术产品需求并进一步扩大文化消费需求以带动经济增长的问题，是我国农村地区公共文化管理领域亟待研究的重要课题，也是政府公共部门利用制度以外手段实现文化产品有效供给需要解决的迫切问题。但现实情况是，农村地区文化艺术产品供给难以满足日益增长的消费需求，供需矛盾突出，直接映射出我国农村文化艺术建设及供给机制的缺陷。因此，研究农村居民文化消费需求对促进经济增长、改善农村居民生活质量和完善供给机制来说具有很强的实践意义。在国家大力推进新型城镇化建设的背景下，农村居民文化消费需求特征、城镇化政策和收入分层对农村居民文化消费需求的影响，以及农村居民对当前农村市场文化产品供给的满意度，是识别农村居民文化需求偏好，构建自下而上的公共文化服务供给机制，解决文化产品供需矛盾时需要解答的关键问题。在此基础上，本书运用微观调查数据，探讨了新型城镇化背景下农村居民文化艺术产品消费行为，阐释了文化产品消费需求和供给形成的内在机制，试图为我国农村社区需求导向型文化产品供给制度创新提供决策参考和实证依据。

1.1 选题的背景

1.1.1 推动农村居民文化消费是带动农村文化产业、促进经济增长的重要途径

随着新型城镇化进程的加快、农村居民生活水平的提高以及消费观念的改变，农村居民开始重视生活的品位和档次，农村居民的文化消费需求开始增加，农村地区文化产业呈现出巨大的发展潜力和市场空间。为进一步满足和激发农村居民日益增长的文化消费需求，充分挖掘市场潜力，国务院颁发了《文化产业振兴规划》，倡议"不断适应居民消费结构的新变化和满足居民审美的新需求，创造形式多样的文化产品和服务，提高居民文化消费意识，培育新的消费热点"。农村地区文化产业由此得以迅猛发展。农村居民文化消费推动了文化产业的发展，而借助文化产业的发展既可以实现经济"量"的增长，又可以实现"质"的飞跃（金晓彤等，2013）。根据统计数据显示，近年来文化消费对经济增长的贡献率不断提升，平均贡献率达到 4%，从中长期来看，农村居民文化消费内容日益丰富，文化消费在促进经济增长方面发挥的作用日渐明显。仅以天津市为例，由统计年鉴数据测算得出，农村居民文化消费支出每增加一单位，带动天津市经济增长 4.9%。

1.1.2 农村居民文化艺术需求难以和城镇化背景融合，城乡文化消费差距较大

新型城镇化的建设侧重于社会经济结构的转型与农村居民生活质量的改善，城镇化建设能够为农村居民提供更好的基础设施和消费环境。但在农村居民参与城镇化的过程中，会出现文化艺

术需求与城镇化身份难以融合等问题，即部分农村居民已经城镇化，且有很大的文化艺术需求，但由于城乡文化产品严重失衡，基础设施供给不完善，导致以农村和农村居民为主题的文化产业相对匮乏，农村居民难以真正像城镇居民一样享受高品质的文化服务或文化产品，农村"文化荒"现象长期存在。与此同时，我国农村居民人均文化消费上升速度较缓，消费水平不高，文化消费总量仍然较低，城乡人均文化消费差距日渐扩大（向明，2015）。从统计年鉴数据来看，2014 年，农村居民人均文化消费 860 元，与我国城镇居民人均消费 2142 元相比，还有较大的上升空间。

1.1.3 农村居民文化艺术需求受到收入的制约

需求是在一定的收入和价格约束条件下形成的。理论上，文化产品消费具有需求弹性大的特征，即在农村居民收入水平较低的情况下，农村居民对文化产品的消费需求较低，只有当收入水平提高到一定程度，农村居民才会有购买文化产品的经济实力，增加对文化消费的支出。根据国际经验，当人均国民生产总值（GDP）达 5000 美元时，居民文化消费支出的绝对值或占总消费额比重都会出现较大幅度的提升，文化消费能力也有所提升。因此，收入水平的提高是文化消费增加的前提和基础，农民收入相对偏低，抑制了文化消费需求的增长。在实地调研中发现，截止到 2015 年底，天津市农村居民的人均 GDP 约为 2800 美元，仍处于由较低基本生活消费向高层次精神文化消费过渡的阶段。农村居民将更多的收入投到教育、养老和医疗领域，很难有闲钱再用于文化产品的消费，即使有部分农户有进行文化产品消费的意愿，但受到收入的制约而没有能力进行支付。因此，天津市农村居民总体文化消费水平较低，文化消费仅占农村居民收入的 7%，农村居民文化艺术需求严重滞后于农村居民收入水平。

1.1.4 农村居民文化艺术需求与文化供给存在错位

十七届六中全会提出"加强文化基础建设，要构建让群众广泛享有免费或优惠的公共文化服务体系"。为此，政府加大农村文化产品及服务的投入力度，建设"文化站""农家书屋""广播电视村村通"等文化惠民工程，展开"三下乡活动"等。然而，由于政府自上而下的供给机制和缺乏对农村居民的深入调查，导致农村居民参与度不高，许多文化产品及服务并不是农村居民所需要的，出现不少文化基础设施闲置、公共资源被极大浪费的现象。公共文化产品供给效率低下、公共文化服务质量低下，文化艺术需求与文化供给存在错位，导致农村居民成为文化供给的被动消费者，文化消费的激情难以被激发，农村居民的需求不能得到满足。

此外，不同区域的文化消费因其资源禀赋、政策差异和居民消费偏好的不同会有很大的异质性。根据《中国文化消费指数研究报告》统计可知，我国农村居民文化消费意愿比城镇居民更强烈，但在文化满意度、文化产品消费便利程度、文化消费渠道、文化消费能力等方面远低于城镇居民水平，由此表明，未来中国农村文化市场将为文化产业提供巨大发展空间。因此，研究农村居民文化消费需求，加强文化消费的区域研究，因地制宜地供给文化产品显得尤其重要。

基于此，本书采用农村居民微观调查数据，在总结天津市农村居民文化消费特点的基础上，指出文化消费存在的问题，利用计量分析模型估计农村居民文化艺术需求的弹性及偏好，从城镇化政策推进和收入分层视角考察农村居民文化需求的影响因素，并从供给角度考察农村居民文化产品消费满意度，在此基础上，对未来五年内天津市农村居民文化消费需求进行预测，力求为天津市农村居民文化消费水平的提高和消费结构的改善提供理论支撑，为新农村文化建设和文化产业繁荣提供一定的实证依据和决策参考。

1.2 研究的目的和意义

1.2.1 研究的目的

本书以新型城镇化为背景，通过相关文献梳理和微观调查数据处理，把握天津市农村居民文化艺术需求的特征和存在问题；通过对新型城镇化政策效果评价和文化艺术产品需求等进行定量研究，测度文化艺术产品的需求收入弹性和价格弹性，探讨城镇化约束下天津市农村居民文化艺术的需求偏好和影响因素；在此基础上，提出促进农村居民文化消费需求的政策建议，为天津市新农村文化建设和文化产业繁荣提供决策参考。具体目标如下：

（1）识别农村居民文化消费的基本特征并指出存在的问题。在梳理相关文献的基础上，结合微观农村调查数据，从消费结构、消费内容、消费影响因素、消费满意度等方面梳理和归纳农村居民文化消费的基本特征，并指出农村居民文化消费存在的一系列问题。

（2）基于文化消费现状，阐释农村居民文化消费需求偏好形成的内在机制。通过构建需求弹性模型，估计不同类型产品的替代效应和互补效应，识别不同类型产品的支出弹性及消费偏好，并纳入个人禀赋特征因素分析，深入讨论影响农村居民文化消费偏好的作用机制。

（3）城镇化政策的实施和收入水平是影响农村居民文化需求的重要因素。通过对城镇化政策、收入分层与农村居民文化消费需求间的计量关系分析，测度城镇化政策实施前后农村居民文化消费需求的变化程度和城镇化政策对农村居民文化消费意愿的平均作用效果。与此同时，考察了低等收入、中等收入和高等收入等不同收入分层农村居民文化消费需求的差异，阐述收入对农村居民文化产品消费意愿影响的深层原因。

（4）基于政府供给和市场供给双重视角，考察农村居民文化产品消费满意度的影响因素。采用 Ordered Probit 模型对农村居民文化产品消费满意情况及其影响因素进行估计，试图从供给侧改革角度，探讨市场供给和政府供给两种不同供给途径对消费满意度影响程度的差异。

（5）利用计量模型和统计年鉴数据，对天津市未来五年内农村居民文化消费需求进行预测，总结出未来农村居民文化消费的新趋势和新特点，并提出促进农村居民文化消费需求的政策建议。

1.2.2 研究的意义

文化消费在提高居民生活质量、促进经济发展和社会主义新农村文化建设方面发挥着重要作用。文化艺术需求属于消费者心理层面，地域性较强，因此加强区域内部文化艺术需求的差异性研究，对于丰富文化艺术需求理论，促进社会主义新农村文化艺术建设有重要意义。本书以天津市为调查区域，以新型城镇化建设为背景，基于微观农村居民调查数据，研究农村居民文化艺术需求问题。

本书的理论意义集中表现在两个方面。一方面，挖掘天津市农村居民文化艺术需求的表现和特征，揭示农村文化艺术需求形成机制，补充相关农村居民调查研究资料。通过计量分析模型和微观调查数据，系统阐述了农村居民对不同类型文化产品的消费偏好，以及不同类型文化产品间的替代关系和互补关系。另一方面，通过构建模型，深入挖掘收入和城镇化政策对农村居民文化艺术需求影响的作用机制，从而丰富和拓展农村居民文化艺术需求的研究内容。

本书的现实意义在于农村居民文化消费需求的研究有利于扩大内需和繁荣农村文化市场。当前，天津市农村居民文化消费存在消费观念落后、结构单一、供需矛盾突出等问题，这严重制约了社会主义新农村文化建设的进程。如何满足农村居民文化艺术需求，成为天津市农村地区可持续发展面临的关键问题。因此，探究满足农村居民文化艺术需求的途径，可以为当地政府制订新农村文化艺术产业政策和推进文化产品的供给侧改革提供可靠的理论和实证依据。

1.3 国内外研究动态

农村文化消费既是衡量农民生活质量的重要指标，又是促进农村经济发展、加快城镇化建设的关键杠杆（刘树燕，2010）。当前，随着农村居民文化消费支出比重的逐年提高，农村居民文化消费需求开始成为理论界的热议词汇，学者们就文化消费问题展开了较为丰富的研究。现有文献主要围绕着文化艺术需求的现实意义、需求现状、需求影响因素、满足需求的对策等几个方面进行讨论。

1.3.1 探讨关注居民文化艺术需求的现实意义

农村文化艺术消费有利于推动农村文化建设和经济发展（李明宇，付艳丽，2014；郑风田，刘璐琳，2007），对提高国家文化艺术软实力和构建社会主义和谐社会具有重大意义。美国著名经济学家加尔布雷斯（1980）在《社会富裕》一书中指出，由于精神文化具有开拓人的心智、提高人的精神境界、促进人的身心健康和社会文明的显著作用，伴随着经济发展水平的提高和消费结构的优化，人们对于精神文化消费的支出比例越来越大。重视并发展农村文化消费，是社会主义新农村文化建设的关键（贺雪峰，2004），是传播先进文化、加强农村精神文明阵地建设的有效途径，更是提高农民素质、提高农民生活质量、满足精神需求，形成和谐健康的农村社会环境的本质要求（疏仁华，2007）。马元斌等（2011）也不断强调文化软实力的作用，认为加强对农村居民文化消费的关注对促进我国新农村建设和加快城镇化建设的脚步有着重要作用。

农村文化消费有助于转变农村居民的思想观念，提升农民的个人思想道德和科学文化素质，增强农村居民内心幸福感，促进人的全面发展（邓敏，2012；周春平，2015）。2012 年，我国人均 GDP 达到了 6100 美元，居民消费正由生存型、温饱型向小康型、享受型转变，与此同时，伴随着城镇化建设的发展，对农村居民的消费水平提出了新的要求，农村居民的文化消费需求越发旺盛（潘勇，2014）。文化消费已经成为衡量居民生活质量的重要指标和社会文明进步的重要标志。文化消费通过调动居民的主观能动性，全面培养人的高尚品德，提高居民的整体素质，有利于推动人类的综合全面发展（关连珠，2011；韩海燕，2012）。周春平（2015）运用实证分析的方法得出了阅读、旅游等发展型文化消费能显著提高居民的幸福感和综合素质。

1.3.2 探讨农村居民文化艺术需求现状

当前，国家大力推进新农村文化产业建设和新型城镇化建设，在此背景下，了解中国农村居民文化消费现状，明确农村居民文化艺术消费需求存在的问题，对全面加速新型城镇化建设和提升农村文化产业竞争力具有重要的现实意义。因此，学术界针对农村居民文化艺术需求的现状做了大量的讨论。从文化艺术需求的发展趋势来看，部分学者以扩展的线性支出系统（ELES）模型为基础，并结合模型的稳定性统计检验方法对我国居民文化消费倾向进行定量分析，得出我国居民文化消费随时间推移呈现逐步增加的趋势（赵伟，2006），文教娱乐将成为农村居民未来的消费热点之一（刘晓红，2010）。但当前农村居民文化艺术需求方面仍然存在诸多问题。

首先，农民文化艺术需求水平普遍较低，消费结构单一，不良文化现象仍然广泛存在（韩美群，2003；刘雪梅，2007）。尽管城镇化建设和经济发展使得农民迫切需要精神文化艺术产品（贺雪峰，2004），但农村居民的文化消费项目非常单一、内容相对单调，难以满足农村居民文化艺术的需求。虽然已有的各种文艺活动下乡、家电下乡、农村电影放映等工程客观上促进了农村居民的文化消费，但整体而言，农村居民的文化消费仍然以教育为主，教育支出占据家庭支出的比重很大，而休闲类文化产品的支出相对不足。部分农村地区还出现不健康文化盛行的现象（王廷兴等，2004），一些健康文明的公共文化艺术形式走向衰败（吴理财，夏国锋，2007）。赌博、黄色内容、迷信活动等不良文化产品在农村地区仍有很大市场（张谨，2009）。朱晓杰（2014）利用统计数据分析得出，在文化消费需求中居于前十位的分别是看电视、体育运动、宗教活动、打麻将、喝酒闲聊、打牌、看书报杂志、听广播、下棋、看电影，证实农村居民文化消费存在重视娱乐型、消遣型消费，轻视发展型、智力型的文化产品，消极文化消费盛行等问题。

其次，农村居民的消费能力和消费观念远远滞后于城镇居民的平均水平（运迪，李啸，2010；潘勇，2014），农村居民文化消费"被动参与"，缺乏消费话语权（李蕊，2013）。虽然近年来国家和政府一直高度重视"三农"问题，在多方面给予资金和政策支持，农村居民的收入不断增加，但与城镇居民相比，农村居民收入偏低，其文化消费水平依然很低，消费能力有限。农村居民的文化消费观念与城镇居民相比，仍然较为落后。农村居民相对比较节俭，更多关注食品、住房、交通等物质消费，而对文化消费重视不足，这种落后的消费观念使得农村居民用于文化消费的支出严重不足。与此同时，在文化产品消费上农村居民的"被动参与"（叶继红，2015），导致需求形成和需求满足间的差距越来越大（管义伟，2012），农村公共文化艺术生活日渐萎缩导致文化消费社会效益低下等问题非常突出（吴理财，夏国锋，2007）。部分学者认为，忽视农村居民文化艺术内心需求、农村居民长期缺少话语权，是导致中国农村文化艺术落后的主要原因（赵科印，季中杨，2011；陈楚洁，袁梦倩，2011）。

最后，公共文化基础设施不完备、文化要素市场尚不完善抑制了农村居民文化产品消费需求。农村文化消费"硬件不硬"是导致农村文化消费"短板"的物质条件因素。虽然国家加大了对农村公共文化服务的建设力度，修建了乡镇文化站、图书馆以及农家书屋等文化设施，但农村居民在文化消费方面依然面临着文化活动场所缺乏（郑风田等，2010）、文化产品市场发育并不完全等难题。由于缺乏文化基础设施，许多文化娱乐活动无法开展，农民不知在哪儿消费，也不知如何进行文化消费。据崔伟（2013）的统计数据调研显示，休闲场所过少等仍然是影响农村居民文化消费需求满意度的障碍之一。

1.3.3 探讨农村居民文化艺术需求的影响因素

大部分学者对农村居民文化艺术需求进行了定性分析，但也有部分学者围绕农村居民文化艺术需求的影响因素展开了定量讨论。当前文献研究中认为，农村居民文化艺术需求的影响因素主要集中在个体特征、居民收入、消费习惯、文化基础设施和公共文化服务供给等几个方面。

（1）农村居民个体特征

部分学者基于定量分析得出农村居民性别、年龄、受教育程度等秉赋异质性是影响农村居民文化消费的主要因素（王见敏，2012）。阮荣平等（2011）也指出，农民自身特征如性别、年龄、受教育程度、健康、务农时间等是影响农村居民文化消费需求的重要变量。孟华、李义敏（2012）以上海市居民作为调研对象，通过测度当前居民的文化消费水平，发现年龄、教育、职位等因素都会对居民文化消费需求产生影响。农村居民个体特征作为文化消费的重要影响因素已经成为学者们的共识。

（2）农村居民收入

一些学者建立多变量线性回归模型，定量分析农村居民文化消费的弹性和边际支出倾向，得出农村居民文化消费需求主要受居民生活水平、人均纯收入和闲暇时间的影响（韩冲，2013）。戴文特（Dewenter，2005）、邓田生（2008）、彭真善等（2008）、王俊杰（2012）等学者的研究证实收入与居民文化消费有显著正相关关系，尤其是可支配收入对文化消费的影响最为重要（高莉莉，顾江，2014）。王亚南等（2013）认为，收入是影响文化消费最主要的因素，但这种影响却因地区和文教消费类型的不同而有所不同。宁军明（2007）以农村居民为研究对象，通过实证分析发现，高收入地区农村居民的边际文化消费倾向高于其他地区。但是尼次和玛卡度（Diniz and Machado，2011）的研究则认为，收入对居民文化消费需求的影响不大。还有一些学者，如王宋涛（2014）则从马斯洛层次需求理论出发，分析收入分配对文化消费的个体影响效应和宏观影响效应，个体层面研究证明了当消费函数为线性或边际消费倾向递增或弱递减时，收入的边际文化消费倾向递增的结论；从宏观层面得出了收入差距的扩大反而会提高居民总文化消费的结论。由此可见，收入对文化消费需求的具体影响尚未得到一致结论，收入对文化消费需求的内在作用机制有待进一步探究。

（3）农村居民消费习惯

文化产品消费的不同习惯会导致人们需求的差异性。刘洁等（2012）以江苏省为样本，利用数据分析得出文化消费习惯是影响居民文化消费需求的关键因素。聂正彦、苗红川（2014）以城镇居民为研究对象，运用省级面板数据统计分析得出消费习惯等因素会对我国城镇居民的文化消费造成一定的影响。李惠芬、付启元（2013）认为文化消费受制于消费习惯的影响，传统消费习惯是抑制文化消费的重要原因。部分学者以农村居民为调查对象，研究发现农村居民文化消费需求受到文化消费观念不合理等约束，农村居民文化消费后劲不足（王莉，2013）。

（4）文化基础设施和公共文化服务供给

文化基础设施投入的多少直接影响文化产品供给，而供给水平的差异是影响文化消费的重要因素。王亚南（2010）指出，社会保障制度缺失制约居民的文化消费；完善的公共服务体系和健全的社会保障制度是提高居民文化消费水平的重要保证。刘杰（2012）采用 Tobit 模型估计"文化基础设施"对居民文化消费需求的影响，实证分析得出文化设施是影响居民文化需求的重要变量。在公共文化基础设施供给中，政府最需要关心和解决的问题是如何满足农民的公共文化基础设施需求。黄威（2017）强调公共文化服务在满足文化需求方面发挥了重要的作用，但当前公共文化服务供给存在效率不高、质量低下、参与度低等问题，限制了居民文化消费需求的释放。

1.3.4　探求满足农村居民文化艺术需求的对策

意识到农村居民文化建设是新农村建设的核心环节，学者们建议将文化建设纳入经济社会发展总体规划，把满足农村文化需求作为新农村文化建设的主要突破口，切实完善农村居民文化需求保障体系（刘淑兰等，2011）。

首先，建立自下而上的需求表达机制，促进新农村文化艺术建设（张伟兵，范会芳，2011；刘树燕，2010）。在加强文化消费宣传的同时，更应该回归到农村居民自身的文化需求特征及偏好，引导农村居民表达自身真实需求，完善文化需求反馈和识别纠偏机制（吕方，2012；黄洁纯，邢大伟，2013；游祥斌等，2013）。

其次，要健全农村文化消费市场，改善农村居民文化消费环境，增强农村居民文化消费意识，提升文化消费能力（崔伟，2013；邓敏，2012）。基于现有农村居民文化消费内容过于单一、文化消费市场不够完善的现实情况，借助社会资本力量和政府力量，加强对不同层次农村居民的异质性文化产品需求的刺激和培育。不断推出个性化、有利于农村居民身心健康发展和精神文明提高的中高端产品（李蕊，2014），提升文化市场供给质量，推动农村文化艺术市场逐渐走向成熟（雷芳，2011）。

最后，加强文化基础设施建设，构建农村公共文化服务体系，完善社会保障政策（张珍瑜，2013；李钒，孙林霞，2013；吴继轩，董康成，2012）。在建设过程中，要充分发挥政府和地方在文化消费方面的引导作用和公益作用，撬动农村文化艺术消费的"支撑点"，加大农村文化基础设施建设的资金投入，改善农村居民文化活动的基础条件。同时，将农村文化服务建设纳入政绩考核体系，为农村居民提供切实有效、满足需求的文化服务，提升文化基础设施供给效率。此外，健全农村居民教育、医疗、养老等社会保障体系，为农村居民文化消费提供政策支持和优惠条件。

综上所述，国内外学者在农村居民文化艺术需求方面的研究取得了丰富的成果，为本书提供了重要的经验借鉴和思路启发，但现有文献存在以下不足：一是以全国调查范围为样本，忽略了对于天津市农村居民文化艺术需求差异的讨论；二是对城镇化建设背景下农村居民文化艺术需求状况研究缺乏深层分析；三是在研究方法上，多以定性分析为主，缺少微观数据的定量分析。因此，本书以天津市为重点调查区域，探讨新型城镇化建设背景下的农村居民文化艺术需求的特征、存在的问题及影响因素，评价农村居民文化消费的满意度，阐述文化消费需求形成的内在机制和作用机制，为天津市新农村文化艺术建设和文化产业发展提供决策参考。

1.4 研究思路、内容与方法

1.4.1 研究思路

本书沿着"天津市农村居民文化艺术消费需求特征——农村居民文化艺术需求弹性——城镇化政策和收入对农村居民文化艺术需求的影响——农村居民文化消费满意度分析——农村居民文化艺术需求趋势预测——扩大农村居民文化艺术需求的政策建议"这条内在逻辑线路展开。第一，通过梳理相关文献及调查问卷数据，归纳总结天津市农村居民文化艺术消费需求的基本特征及存在的问题。第二，利用二次的近似理想需求系统（QUAIDS）模型对农村居民文化艺术需求的偏好进行估计，通过弹性分析探究不同类型文化产品间的替代效应和互补效应。第三，运用倾向匹配得分的反事实估计考察城镇化政策对农村居民文化消费意愿的影响程度及城镇化前后的文化消费差异，阐明城镇化政策对农村居民文化消费需求影响的内在机制。第四，考察收入分层下不同类型文化艺术产品消费需求的差异，并进一步深入分析高中低等收入组的文化消费需求差异产生的原因。第五，基于政府供给和市场供给视角，估计不同类型文化产品消费满意度情况，从供给侧改革角度明确市场供给和政府供给的侧重点。最后，在农村居民文化消费需求预测的基础上，提出相应的制度创新思路和政策主张。

本书根据系统抽样调查研究方法，设计调查方案，获取研究所需支撑数据；通过文献分析和统计分析归纳和提炼出影响农村居民文化艺术产品消费意愿的关键变量，并形成有关文化消费意愿的系列假设；构建计量经济模型，对形成的各种假设进行检验和验证；根据理论和实证研究结果，给出政策建议。

1.4.2　研究内容

本书在收集和整理相关文献和农村居民文化调查数据的基础上，主要围绕以下几部分内容展开：

第一部分，导言。重点说明本研究的研究背景、研究目的和意义、国内外相关研究综述，阐述本研究的具体研究思路和内容、主要采用的研究方法和数据资料来源，确定明确的分析思路。

第二部分，新型城镇化背景下农村居民文化艺术需求的基本特征及存在问题分析。利用实地调研资料，对农村居民文化艺术需求的总量、结构及变化特点进行测定，对新型城镇化背景下农村居民文化艺术需求的基本特征进行归纳分析，指出文化消费存在的问题，为相关研究奠定坚实的理论基础。

第三部分，新型城镇化背景下农村居民文化艺术需求弹性分析。运用二次的近似理想需求系统（QUAIDS）模型，估计农村居民不同类型文化艺术产品需求影响因素，并通过支出弹性、替代弹性和价格弹性，考察文化产品间的互补和替代效应，识别农村居民文化艺术产品需求偏好差异。

第四部分，农村居民文化艺术需求的影响因素分析——基于城镇化视角。基于城镇化视角分析农村居民文化艺术需求影响因素，采用倾向匹配得分的反事实估计方法，考察城镇化政策实施前后农村居民文化艺术需求差异，并深层阐述城镇化政策实施对农村居民文化艺术需求影响的作用机制。

第五部分，收入分层视角下农村居民不同类型文化产品消费意愿分析。采用 Ordered Probit 模型，估计不同支付水平下各类型文化产品消费意愿的发生概率，并深入分析高等收入组、中等收入组和低等收入组等不同收入分层下农村居民不同类型文化艺术产品消费意愿差异产生的内在原因。

第六部分，农村居民不同类型文化艺术产品消费满意度分析——基于市场供给和政府供给双重视角。从市场供给和政府供给两个方面，采用 Ordered Probit 模型，估计这两类变量对消费满意度的影响程度，并阐明市场供给要素和政府供给要素对农村居民文化产品消费满意度影响的内在作用路径。

第七部分，新型城镇化背景下农村居民文化艺术需求趋势预测。用多元线性回归模型等多种统计预测模型，对未来五年内天津市农村居民文化艺术需求的趋势进行预测，为合理制订农村市场文化产业和公共文化产品供给规划奠定基础。

第八部分，结论、政策建议与研究展望。在梳理本研究内容的基础上，再次概述了本研究的相关结论，从加大宣传力度、创新文化产品服务、完善基础设施建设、建立需求导向的农村公共文化服务供给机制、加快新型城镇化质量建设进程、提高农村居民收入水平等方面提出政策建议。此外，指出了本研究在研究方法和内容上的局限，并提出了进一步研究的展望。

1.4.3 研究方法

研究采取文献分析法、计量经济模型和问卷调查法等方法展开。拟采用随机抽样方法，从天津市 16 个县级行政区随机抽取东丽区、静海区、蓟州区三个区，每地区各抽取 400 户农村居民进行问卷调查；主要采取的量化分析方法有二次的近似理想需求系统（QUAIDS）模型、倾向得分匹配模型、Ordered Probit 模型等。

（1）文献分析法

通过收集、整理国内外关于文化消费，特别是涉及农村居民文化消费的研究文献，吸收、借鉴先进的研究方法、理论模型，对现有农村居民文化产品进行分类，在梳理相关文献的基础上，归纳出农村居民文化消费的特征并指出其存在的问题。

（2）计量模型法

① 二次的近似理想需求系统（QUAIDS）模型研究农村居民文化消费需求弹性。

二次的近似理想需求系统（QUAIDS）模型能更为真实地模拟收入和预算约束下的农村居民消费行为选择偏好。通过采用QUAIDS 模型，对不同类型文化产品的消费支出弹性和价格弹性进行估计，识别不同类型文化产品间的替代和互补关系，最终得到农村居民对不同类型文化产品消费的偏好程度。

② 采用倾向得分匹配方法的反事实估计研究城镇化政策与农村居民文化消费意愿之间的关联和影响效果。

本研究采用倾向得分匹配方法的反事实估计测度城镇化政策对农村居民文化艺术产品消费意愿的作用程度。该模型能够实现样本的选择性纠偏,识别尚未城镇化农村居民的消费意愿如何,利用 STATA12.0 统计软件进行估计，通过模拟结果考察城镇化政策实施对农村居民文化艺术产品消费意愿的作用方向和影响效果。

③ 采用 Ordered Probit 模型研究收入分层下的农村居民文化消费差异及文化产品供给满意度问题。

Ordered Probit 模型是被普遍接受的模拟估计次序变量的模型。通过选取相应变量，纳入该模型进行估计，最终识别高中低收入对农村居民文化消费意愿影响的作用路径，探究市场供给与政府供给两大关键变量对农村居民文化产品消费满意度的影响机制。

④ 采用多元线性回归模型对天津市未来五年内文化艺术产品消费需求进行预测。

试图建立多元线性回归模型估计未来五年内天津市农村文化产品消费需求的情况，探讨天津市文化产业的发展前景。

（3）调查资料法

调查方案设计中，调查对象的选取考虑经济发展和城镇化的发展程度，以天津市为典型调查地，按照县、乡系统采用随机抽样方法，采用随机抽样方法，从天津市 16 个县级行政区随机抽取东丽区、静海区、蓟州区三个区，每个区随机选择 2 个乡镇，每个乡镇随机抽取 2 个村，每个样本村庄随机抽取 100 户农村居民，共计 12 个样本村，1200 户农村居民，进行面对面问卷调查，结合典型调查和深度访谈，获取第一手资料。宏观数据来源于《中国统计年鉴》、和讯网和 wind 数据库，依托学校图书馆的图书、报纸、杂志以及网络文献资料整理汇编。

1.5 本书的创新之处

通过分析微观调查数据，本书阐明了天津市农村居民文化艺术需求的特征、影响因素，并对农村居民文化消费需求趋势进行了预测，可望在文化艺术需求定量化分析上实现创新；重点讨论了城镇化建设对农村居民文化艺术需求的作用机制和效果，力图为提高新农村文化艺术建设提供实证依据。具体创新在于：

第一，运用二次的近似理想需求系统（QUAIDS）模型估计农村居民文化产品消费需求弹性及其影响因素。随着消费支出的变化，农村居民文化消费偏好由弱到强依次为：网络电视类、报纸杂志类、技能培训类、艺术类、棋牌类、休闲娱乐类。报纸杂志类、网络电视类产品的消费缺乏价格弹性；休闲娱乐类产品的消费自价格弹性的绝对值接近 1；而技能培训类、艺术类、棋牌类产品消费富有价格弹性。

第二，应用倾向得分匹配方法的反事实估计测度了城镇化政策对农村居民文化消费需求意愿的影响。农村居民文化产品消费需求意愿经过倾向性评分匹配，进行样本选择纠偏后的平均效应达到 16%，并利用稳健性检验进一步验证了城镇化政策对农村居民文化产品消费需求意愿有非常显著的正向影响。

第三，运用 Ordered Probit 模型，研究高中低收入组分层下农村居民文化艺术产品消费意愿的影响因素，受教育程度、闲暇时间、收入、价格水平、市场供给、文化设施建设等因素对中等收入组的正向消费激励作用更为突出，收入对农村居民文化产品消费意愿的影响具有一定的门槛效应。

第四，基于市场供给和政府供给的双重视角，采用 Ordered Probit 模型对农村居民不同类型产品消费满意度进行评价。农村居民文化产品消费满意度普遍较低。不同类型文化产品消费满意度受到市场供给变量中的价格评价、产品内容和市场监管的规范性的显著影响。满意度还受到政府供给方面的影响，其中文化基础设施供给、公共文化服务质量、文化管理机制健全程度对文化消费满意度的影响更为显著。

第五，通过建立多元线性回归模型，利用 2000—2014 年农村居民人均文化消费支出数据，对天津市 2018—2020 年的文化消费需求进行预测。采用多元线性回归模型的平均预测精度为 95%，天津市近五年内农村居民文化消费需求将有较快的增长，农村文化产业展现出较为乐观的发展前景和市场潜力。

2 理论基础

随着我国农村居民收入增加和城镇化建设的推进，农村居民消费结构有所改变，文化消费支出有了一定程度的提升，农村地区将成为文化市场的重要场域。当前，国家致力于农村地区的文化产业及市场的发展，《中央关于深化文化体制改革若干重大问题的决定》强调文化产业发展的内生动力在于提高文化消费水平。增加农村文化消费，对于繁荣文化市场和做强农村文化产业，带动农村地区经济的可持续发展具有重大意义。要想科学合理地研究农村居民文化艺术产品需求，首先要明确文化消费的概念及产品分类，理清文化消费理论的发展脉络。本部分重点对农村居民文化消费的概念进行了界定，对文化产品进行分类，构建文化消费理论框架，为下一步研究的展开提供理论基础。

2.1 相关概念界定

2.1.1 农村居民文化消费

从 1970 年开始，作为文化社会学的分支领域，文化消费逐渐受到理论界的重视。国外学者围绕文化消费的概念进行了讨论。阿多诺和霍克海默（1979）将文化和工业结合起来，提出了"文化工业"的概念，认为文化消费主要是以文化工业的形式生产迎合大众消费需求的大众文化产品，且生产这类产品的主要目的是为了麻痹大众，从而控制和规范文化消费行为。凡勃伦则指出文化消费实际上属于一种炫耀性消费，是休闲阶级用于表现财富和阶层的一种消费方式。随着经济发展水平提高，国内学者意识到文化消费总量的增加对提高居民文化消费水平、扩大内需、推进产业结构升级、提高国民素质、构建和谐社会等具有重要意义。文化消费水平已经成为衡量现代物质和精神文明发展程度的重要指标。1985 年，我国也正式提出了"文化消费"的概念，学术界普遍认同文化消费是指为了满足文化生活的需要或为了自身发展的需要对精神文化类产品及精神文化性劳务的占有、欣赏、享受和使用等的定义表达方式（米银俊，2002）。

参考学术界文化消费的概念，本研究给出农村居民文化消费的概念。农村居民文化消费主要是指居住在农村的人民群众为获得知识、精神享受与满足，采用文化学习、休闲娱乐等方式对精神文化产品或服务进行的一种消费行为，农村文化消费的主体主要是乡镇级农村居民。提高农村居民文化消费水平，一方面可以通过精神产品的享受提高农民素质和能力，另一方面也可以通过更新消费观念和习惯，改造农民传统文化消费模式。

2.1.2 农村居民文化产品分类

文化消费主要是以文化产品为载体，而文化产品一般是指具有传播思想、符号和生活方式，兼具信息和娱乐性质，可以影响群体认同甚至文化行为的消费品。根据联合国教科文卫组织的文化统计框架，可以把当前国际流通中的文化商品和服务划分为 10 大类：文化遗产、印刷品及文学作品、音乐、表演艺术、视觉艺术、电影和摄影、广播电视、社会文化活动、体育和游戏、环境和自然。根据《文化及相关产业分类》将文化产品大体划分为图书、报纸、广播、电视、文化创作、博物馆、文化活动、艺术培训活动、文化信息传输、文化创意和设计服务、文化休闲娱乐服务、工艺美术品等类型。部分学者依据广义的文化产品概念对文化消费及内容进行了归纳和分类，总结得出，按照文化消费的功能，可以将精神文化消费划分为文化消费、教育消费、娱乐消费和体育消费四大类，主要指科技作品、文艺作品、音像作品、影视作品、各种出版物、教育、科技培训、艺术表演、互联网、导游服务以及各种娱乐场所提供的服务等（吴薇，刘丁瑶，2013；曹俊文，2002）。部分学者还将健身、体育表演和赛事观赏等纳入广义的文化消费内容中（刘珉曳等，2005）。由于调查对象和信息来源的不同，文化消费内容的统计口径不一，但是广播电视、报纸杂志、休闲娱乐、技能培训、艺术鉴赏等产品作为文化消费内容的观点已在学术界达成共识。以此为基础，学者们讨论了农村居民文化产品的具体类型。例如，吴理财、夏国峰（2007）根据文化产品的基本要素（农民群体、文化设施、设备和场所、信息交换渠道、配套的组织和制度、文化产品和服务），将农村文化产品划分为看电视、看书/看报、玩电脑、玩手机、听广播/听音乐、看戏/看电影、打牌/打麻将、打球等体育活动八种类型。葛继红（2012）调查分析得出农民文化消费形式主要包括"看电视""打麻将""上网"和"旅游"。

因此，在综合文化产品定义，结合当前文化消费的分类及内容，梳理相关文献和预调研的基础上，依据农村居民文化消费现状，本书将农村居民文化消费定义为农村居民为满足个人需求而用于文化艺术产品方面的支出。将文化艺术产品划分为技能培训类、报纸杂志类、网络电视类、棋牌类、艺术类、休闲娱乐类六种类型。具体解释如下。

技能培训类产品消费主要包括农村居民为提升技能水平消费的课程、网络教学等形式的培训产品或服务，如科学培训、技术培训等。

报纸杂志类产品消费主要是指农村居民用于购买和阅读报纸

杂志等产品的费用支出。

网络电视类产品消费指的是农村居民用于看电视的数字电视费和用于上网的网络通信费及其附属服务的费用支出。

棋牌类产品消费主要是农村居民用于打牌、下象棋、打麻将等的费用支出。

艺术类产品消费指的是农村居民参观博物馆、观看曲艺表演等活动的费用支出。

休闲娱乐类产品消费主要是指农村居民在旅行等方面的费用支出。

由于农民文化教育消费支出存在一定刚性，因此本研究不将教育纳入统计体系。技能培训产品消费只限于个人为生存和发展所进行的消费，且所有的消费列支都不包括艺术特长生等特殊家庭。所有的消费都属于有偿消费，无偿消费不纳入该研究体系。本研究的文化消费类型的调查与说明都是以这六种类型为主要分析对象展开的。

2.2 农村居民文化消费的作用

2.2.1 农村居民文化消费能够带动农村经济增长

消费是拉动经济发展的三大马车之一，扩大消费对促进经济社会的发展起着至关重要的作用。根据马克思的生产力与生产关系发展原理，文化消费是经济发展达到一定阶段的产物，经济水平和收入水平的提高带动了相关文化消费需求的增加。近年来，在"文化立国"发展战略的推动下，农村居民对新兴的文化产业及其相关产品和服务的消费呈现逐步增加的趋势，文化产业市场份额逐渐扩大；同时，伴随城镇化进程的推进，农村居民逐渐享受城镇化待遇，其文化消费需求正向城镇居民靠拢，呈现多样化和个性化的特征。农村居民文化消费从不同途径和渠道带动了经济增长。首先，通过文化产品的服务和供给市场的扩大，刺激国内农村市场文化产品需求，为农村地区文化产业的发展提供了新的契机；其次，通过文化产业上下游产业链的拓展和延伸，促进产业结构转型，极大地推动了我国农村地区第三产业的发展；第三，通过深挖区域的特色文化和特色资源，带动区域特色经济的深层开发。由此可见，文化消费最终能够促进经济增长，实现我国经济社会持续、稳步、快速、协调发展。

2.2.2 农村居民文化消费有利于提高生活质量和综合素质

作为居民消费的重要组成部分，文化消费在改善农村居民生活质量和促进农村居民综合素质的全面发展方面发挥着重要作用。恩格斯指出，人的消费发展阶段为生存消费、发展消费、享受消费。随着新型城镇化建设步伐的加快和农村经济生活水平的提高，农村居民消费模式由重视基本物质生活水平的提高向重视生活质量和品位的提高转变，从追求简单的物质消费向追求高层次的精神消费转变，从满足基本生存需求向追求人的素质提升和人的全面发展转变。文化消费通过不断满足农村居民日益增长的高层次消费需求，使得消费结构不断优化，消费质量不断提高，农村居民最终可以享受到高品质、高品位、有特色的文化产品，从而提升生活质量。与此同时，根据马克思的"消费生产出生产者的素质"的观点，文化消费不单纯局限于对文化产品或服务的享受和占有，还可以使得农村居民获得大量的科学文化知识和技术能力，提高农村居民的认知能力和智力水平，提升农村居民的文化修养、艺术修养和思想道德修养，满足农村居民的精神层次需求，激发愉悦感和幸福感知能力，塑造健康和健全的人格，最终实现农村居民综合素质的全面发展，提升农村居民的幸福水平。

2.3 消费需求理论

消费问题是微观经济的首要问题。研究人们对各种商品或服务的消费需求实际上是回答消费支出在各种商品或服务之间的最佳配置问题。消费需求是指人们为了满足物质和文化生活的需要而对物质产品和服务具有货币支付能力的欲望和购买能力的总和。消费需求包括消费者的实际需要和消费者的意愿及支付能力。实际需求受到消费者实际需要的商品的价格和替代商品的价格的影响。消费意愿和支付能力取决于消费者的实际收入水平和消费者的支付心理。消费需求理论主要用于研究农村居民在效用最大化建设前提下，在收入、预算和外界环境、心理预期的约束下，如何根据收入和心理约束及市场价格水平做出最佳消费决策的行为。

2.3.1 消费者偏好

消费者行为理论认为，在收入水平和商品或服务价格既定的条件下，是否选择购买取决于消费者对该商品或服务的偏好程度。消费者偏好是指消费者对一种商品（商品组合）或服务的喜好程度，从本质上来说，是对产品或服务的优劣性所产生的主观的感觉或评价。根据西方经济学相关理论，消费偏好需要符合三个基本假设，即偏好的完备性、偏好的传递性、偏好的反身性。也就是说，农村居民在进行六种类型文化产品的选择时是理性的，无论选择哪种类型的产品，都是无差异的，可以进行同等比较的，且在无限制情况下消费的数量越多越好。在预算约束情况下，农村居民对文化产品的消费形成一种消费组合，由于收入和价格等系列因素的变动会导致消费组合的变化，形成了不同类型产品间的替代和互补关系。消费者偏好受到个人禀赋、经济社会、习惯等多种因素的影响，一般来讲，消费者偏好与消费需求是正向相关关系，在其他因素不变的情况下，消费者对某种产品或服务的偏好程度越高，消费者对这类产品或服务的需求量越大。本研究假设消费者对不同类型文化产品具有一定的偏好性，主要选取二次的近似理想需求系统（QUAIDS）模型识别农村居民文化消费需求偏好，并对不同类型产品的替代效应和互补效应进行说明。

2.3.2 消费者效用

消费者效用就是消费者从商品或服务的消费中得到满足的程度。根据消费者行为理论，假定消费者的行为是理性的，即消费者追求其效用最大化，也就是说消费者选择一定数量的商品或服务组合，从该商品或服务的消费中得到的效用（满足程度）最大。消费者的最佳购买行为决策必须满足两个条件：第一，最佳的商品购买组合必须是能够给消费者带来最大效用的商品组合。第二，最佳的商品购买必须位于给定的预算线上。由此运用边际替代率递减规律和消费者均衡的条件，可以推导得出向右下方倾斜的需求曲线。本研究利用该消费效用原理，构建农村居民文化消费需求函数。此需求函数也是建立在收入和预算约束的基础上，在效用最大化的假定条件下展开的。消费者效用的差异会形成不同的消费观念并产生不同的消费行为。

2.3.3 消费者需求

根据马斯洛的消费需求理论可知，人的消费需求由低级到高级可以划分为五个层次：生理需求、安全需求、社交需求、尊重需求和自我实现需求。文化消费需求属于追求享受和发展需要的高层次需求，是社会经济可持续发展和人们生活水平不断提高基础上的产物。

根据西方经济学的需求理论可知，消费者需求理论是研究单个消费者或消费者群体在一定的个人条件（如年龄、职业、教育程度）、价格、收入水平、地理环境、政治环境等不同因素影响下所需要消费的商品或服务的种类和数量问题。根据消费者需求理论可以建立消费者选择行为的数学模型，并以此来确定需求方程的具体函数形式，探讨一个理性消费者在价格和有限的收入约束条件下，如何选择效用最大的消费品的种类和数量。文化消费需求模型也是在文化产品特定价格和农村居民收入的预算约束下，根据农村居民文化消费效用最大化原理得到的不同类型的文化产品的消费组合。具体文化产品需求曲线如图 2-1 所示。其中假设有 x_1、x_2 两种类型的文化产品，Px_1、Px_2 分别表示 x_1、x_2 两种类型的文化产品的价格，x_1、x_2 表示两种类型文化产品的需求量。需求曲线变量的任何变动都会带动整个需求曲线的移动，由此反映出文化需求随着收入和价格的变化而变化的趋势。

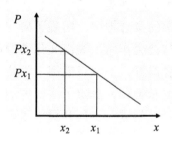

图 2-1　文化需求曲线

2.3.4 文化需求弹性

在影响需求变化的各类因素中，任何一类因素的变化都会引起需求量的变化，这种现象称为需求弹性。需求弹性可以分为需求价格弹性和需求收入弹性。需求价格弹性是衡量某一商品的需求量对价格变化的反应程度的指标，用需求量变动百分比除以价格变动百分比来计算。需求收入弹性是衡量某一商品的需求量对收入变化的反应程度的指标，用需求量变动百分比除以收入变动百分比来计算。弹性系数，一般用绝对值的大小表示。如果弹性大于 1，则表明需求价格弹性或者收入弹性大，该类产品属于富于弹性的产品，表明市场对该产品的需求潜力非常大，受到价格或收入的影响十分显著。如果弹性小于 1，则表明需求价格弹性或者收入弹性小，该类产品属于缺乏弹性的产品，表明市场对该产品的需求较稳定，需求波动不会大幅增减。

2.4 小结

概念界定和理论基础是进行研究的重要支撑。本部分对现有文化产品概念进行梳理后，将文化消费划分为技能培训类、报纸杂志类、网络电视类、棋牌类、艺术类、休闲娱乐类六种类型产品消费，构建了坚实的概念框架，明确了研究的对象，详细说明了文化消费的经济与社会作用，突出文化消费研究的重要性。在此基础上，从消费者偏好、消费者效用、消费者需求、需求弹性等相关理论进行阐述和解释，奠定了本研究的理论基础，为农村居民文化消费需求研究的进一步展开提供了可靠的概念框架和理论支持。

3 新型城镇化背景下农村居民文化艺术需求的基本特征及存在问题分析

随着收入水平的提高，农村居民消费结构由重基础物质消费转向重精神文化艺术消费，文化艺术需求占社会需求的比重越来越大，文化市场展现出良好的发展态势。文化产业作为经济改革转型升级的产业高端形态，成为新消费领域关注的重点行业。2015年，国务院发布的《关于积极发挥新消费引领作用加快培育形成新供给新动力的指导意见》提出增加文化等领域的有效供给，促进传统文化消费升级。文化消费成为国内外学者热议的话题。扩大农村文化艺术消费有利于推动农村教育和文化艺术事业均衡发展，推动农村经济发展和城镇化建设，对扩大内需和改善农村居民生活质量起到积极的作用。根据相关机构测算，我国文化消费潜在市场规模为 4.7 万亿人民币，潜在的文化需求远未得到有效满足。与城市居民相比，农村居民文化消费远远落后于城市居民人均消费水平，仅仅为城市居民人均消费的 1/5。城乡居民文化消费差距日益增加。截止到 2015 年，天津市农村居民人均纯收入达 18482 元，低于全国平均水平 21966 元，其中农村居民文化消费支出占比较低，不足农村居民人均纯收入的 5%，低于全国平均水平，农村居民文化消费水平相对较低。究其原因，测度农村居民的文化艺术需求、观念及认识的相关研究较为缺乏，忽视农村居民文化消费真实需求，导致供需矛盾突出。所以，要切实做到了解农民内心真正渴求的文化艺术产品，建立自下而上的需求表达机制，促进新农村文化艺术建设，撬动农村文化艺术消费的"支撑点"，推动农村文化艺术市场逐渐走向成熟，需要进一步分析农村居民艺术需求的基本特征,找到当前农村居民文化消费存在的问题。因此,本部分以天津市为调查区域,基于天津市 1200 户农村居民的微观调查数据,对城镇化建设背景下农村居民文化消费的基本特征进行分析,指出当前农村居民文化消费存在的问题。

3.1 天津市农村居民文化消费状况

3.1.1 天津市农村居民文化消费支出变迁

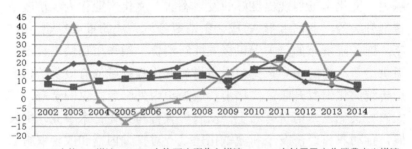

图 3-1 人均 GDP、农村居民可支配收入和文化消费支出增长情况(单位:%)

资料来源:根据 2001—2014 年《中国统计年鉴》数据计算整理所得。

从图 3-1 可以看出,2001—2014 年,随着天津市经济增长和农村居民收入水平的提高,天津市农村居民文化消费支出呈现上升态势,尤其是在金融危机以后,农村居民文化消费支出的增速赶超天津市经济增长和收入增长的幅度,这为农村地区文化市场的拓展奠定了良好的基础。

本部分对 2001—2014 年天津市农村居民相关数据进行统计分析,观察天津市农村居民文化消费支出的历年变动情况。表 3-1 罗列了天津市农村居民人均消费总支出和文化消费支出的变动趋势。总体来看,2001—2014 年天津市农村居民人均消费支出增速十分明显,从 2001 年人均消费支出 2050.9 元增长到 2014 年的

13739 元，涨幅高达 569.9％，14 年间翻了两番多。同一时期，农村居民文化消费支出也有较大幅度增长，从 2001 年人均支出 230.4 元增加到 2014 年的 1042 元，是 2001 年的 4.52 倍。除了 2004—2007 年文化消费增长率为负值外，其余皆为正值，由此表明，农村居民文化消费支出总体处于上升趋势。尽管 2002 年、2003 年、2009 年、2010 年、2012 年、2014 年天津市农村居民人均文化消费支出的增长率高于人均消费总支出的平均增长率，但这 14 年的总体情况是文化消费支出的平均增长率为 13.42％，低于人均消费支出 16.43％的增长率。与此同时，由文化消费支出占总消费支出比例可知，随着农村居民人均文化消费额的增长，天津市农村居民文化消费占总消费支出总额的比重反而有所下降，由 2001 年的 11.23％下降到 2014 年的 7.58％，农村居民文化消费缺口日益加大，文化消费需求仍然不足。这可能是由天津市农村居民文化消费观念不强、消费能力较弱等因素造成的。在农村居民消费支出不断增长的背景下，文化消费存在受到其他消费挤压的现象，天津市农村文化消费市场仍有很大的发展空间。

表 3-1　天津市农村居民人均消费支出与文化消费支出的变动趋势

年份	人均生活消费支出（元）	增长率（％）	人均文化消费支出（元）	增长率（％）	文化消费支出占总消费支出比例（％）
2001	2050.9	—	230.4	—	11.23
2002	2163.55	5.49	269.2	16.84	12.44
2003	2220.2	2.62	379.4	40.94	17.09
2004	2513.2	13.20	376.87	-0.67	15.00
2005	2956.1	17.62	328.9	-12.73	11.13
2006	3261.91	10.35	315.59	-4.05	9.68
2007	3454.5	5.90	312.1	-1.11	9.03
2008	3746.06	8.44	324.47	3.96	8.66
2009	4192.6	11.92	371.85	14.60	8.87
2010	4854.6	15.79	462.25	24.31	9.52
2011	6673.27	37.46	542.12	17.28	8.12

续表

年份	人均生活消费支出（元）	增长率（%）	人均文化消费支出（元）	增长率（%）	文化消费支出占总消费支出比例（%）
2012	8305.51	24.46	766.08	41.31	9.22
2013	12490	50.38	833.6	8.81	6.67
2014	13739	10.00	1042	25.00	7.58

资料来源：2001—2014 年《中国统计年鉴》数据。

3.1.2 天津市农村居民与城镇居民的文化消费支出比较

图 3-2 显示了天津市农村居民与城镇居民的人均文化消费支出的差距。总体来看，2002—2014 年，天津市居民人均文化支出的城乡比出现了先提高后下降的波动过程，自金融危机后，城乡差距得到明显改善，城镇化建设的推进和新农村文化建设的完善极大地推动了农村文化消费市场的发展。尽管天津市文化消费支出总额在不断增加，农村地区文化消费也大体呈现逐年增加的趋势，但与城镇居民相比，农村居民人均文化消费支出总额仍然较低。受到收入等的约束，农村居民文化消费能力不足，城乡二元体制下的城乡差距依然明显，加强农村地区文化市场建设依然责任重大，有很长的路要走。

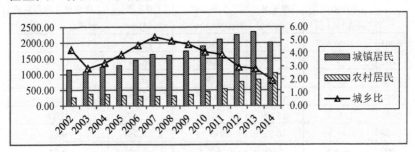

图 3-2　城乡居民文化消费支出的比较（单位：元）[①]

资料来源：2002—2014 年《中国统计年鉴》。

---

① 城乡比用城镇居民文化消费支出与农村居民文化消费支出的比例来表示。

3.1.3 天津市农村居民文化消费结构变迁

从表 3-2 的统计数据来看，14 年间，农村居民文化消费在整个消费结构中的比重基本处于下降状态，从 2006 年开始，文化消费的地位也由仅次于食品烟酒消费和居住消费下降到食品烟酒消费、居住消费和交通通信消费之后。天津市农村居民文化消费开始出现疲软现象。仅以 2001 年和 2014 年为例（见图 3-3），2001年天津市农村居民人均分项消费中，食品烟酒支出和文教娱乐用品及服务（文化消费）支出分别排名第一和第三；2014 年天津市农村居民人均分项消费中，食品支出仍然排名第一，而文化消费支出被交通通信消费挤压，排名第四。2001 年，天津市农村居民基本食品支出是文化支出的 3.81 倍，到 2014 年，天津市农村居民食物烟酒支出是文化消费支出的 4.14 倍。由此表明，当前天津市农村居民分项消费支出中，食品这一与基本生存相关的支出仍占据主导地位，文化消费金额虽然逐年增加，但在消费结构中处于中等地位，且与食品消费的差距在逐渐拉大。文化产品属于精神层面的消费，根据马斯洛的需求理论可知，只有当农村居民的基本生存需求被满足后，农村居民才有满足精神需求的动力。文化消费排名从一定程度上暴露出农村居民文化消费的动力不足。如何提振农村居民文化消费的水平和能力值得深思。

表 3-2　2001—2014 年天津市农村居民消费结构变动情况（%）

年份	食品烟酒	衣着	居住	生活用品及服务	交通通信	文教娱乐用品及服务	医疗保健	其他商品及服务
2001	42.82	8.94	16.54	3.61	6.74	11.23	6.68	3.42
2002	35.01	8.89	18.56	3.60	7.82	13.17	9.23	3.71
2003	35.51	8.23	17.01	3.47	8.94	17.09	7.55	2.21
2004	35.37	7.21	20.22	4.32	9.17	15.00	7.05	1.68
2005	36.95	8.68	20.78	3.96	11.08	11.13	6.06	1.36
2006	34.75	8.13	20.37	3.75	13.53	9.68	8.07	1.72
2007	37.17	8.29	19.53	3.67	11.58	9.03	8.86	2.00

续表

年份	食品烟酒	衣着	居住	生活用品及服务	交通通信	文教娱乐用品及服务	医疗保健	其他商品及服务
2008	39.77	7.81	18.67	4.10	10.75	8.66	8.04	2.21
2009	42.16	7.74	16.09	4.48	11.48	8.87	7.15	2.03
2010	40.76	7.54	18.30	4.80	9.63	9.52	7.43	2.03
2011	34.83	9.16	20.17	5.28	11.71	8.12	8.57	2.16
2012	35.99	9.40	15.21	5.43	12.84	9.22	9.16	2.75
2013	34.32	9.13	14.01	6.01	17.88	7.39	7.51	3.75
2014	31.40	7.37	23.29	6.49	14.41	7.58	7.13	2.32

资料来源：根据 2001—2014 年《中国统计年鉴》数据计算整理所得。

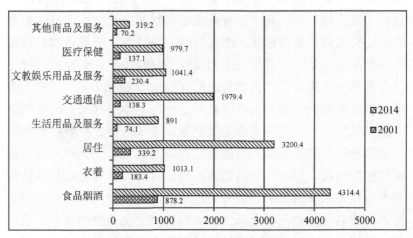

图 3-3　2001 年和 2014 年天津市农村居民消费结构比较（单位：元）

资料来源：2001 年和 2014 年《中国统计年鉴》。

3.2 调查区域文化消费情况

3.2.1 数据来源及样本描述性统计

本书的数据来源于 2013 年 10 月、2014 年 12 月、2015 年 3 月和 7 月对天津市 1200 户农村居民的问卷调查，调查采用随机抽样方法。首先根据天津市城镇化水平和农村居民分布从天津市 16 个县级行政区随机抽取东丽区、静海区、蓟州区三个区，每个区随机选择 2 个乡，每个样本乡随机选择 2 个村，每个样本村庄随机选择 100 户农村居民，以一户一卷、每户随机选取一位年龄在 16 周岁以上的居民作为受访者进行入户的面对面访谈调查。为避免农村居民因个人文化程度和认知水平差异而造成对问卷的理解偏差，调查采用调查人员提问并填写问卷的形式。调查问卷主要围绕农村居民基本特征、农村居民文化消费需求等问题展开。本次调查回收问卷 1200 份，其中有效问卷 880 份，有效率为 73.33%。东丽区、静海区、蓟州区都属于天津市新型城镇化的示范区域，目前各个农村正在有条不紊地推进城镇化建设，不同村域由于城镇化建设推进的程度不一而具有一定的差异性。样本的基本特征如表 3-3 所示。调查样本中，男女比例倾向于正态分布，男性占比为 45.37%。被调查对象大部分为初高中文化，仅有 3.07% 未受过教育。被调查人员大部分为中青年，即 45 岁以下占比 59.69%。被调查者家庭年收入为 10000～50000 元的较为普遍。

表 3-3　调查样本的描述性统计

统计指标		占比（%）
性别	女	54.63
	男	45.37
受教育程度	文盲	3.07
	小学	18.55
	初中	44.35
	高中	22.87
	大学及以上	11.16
年龄	[16,30)	24.97
	[30,45)	34.72
	[45,60)	27.62
	[60,75)	10.74
	75 岁及以上	1.95

统计指标		占比（％）
家庭年收入	10000 元以下	14.23
	[10000，30000)	36.26
	[30000，50000)	31.38
	[50000，70000)	10.18
	70000 及以上	7.95

3.2.2 农村居民文化消费的基本特征

（1）农村居民文化消费作用认知及消费动机分析

由图 3-4 可知，40.26％的农村居民认为文化消费能够起到愉悦身心的作用；26.98％的农村居民认为进行文化消费是为了满足自身需要，提高生活质量；16.92％的农村居民认为文化消费毫无用处，消费观念淡薄；15.85％的农村居民认为文化消费更多的是为了当地文化资源的保护与传承，有利于当地文化产业的发展和经济水平的提高。由此可见，农村居民的文化消费仍以娱乐性为主要目标，部分农村居民文化消费的观念较差，意识不到文化消费的好处，认知水平较低。

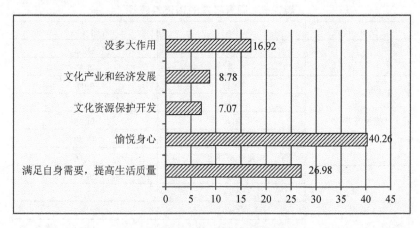

图 3-4　农村居民文化消费认知统计

　　消费动机的形成主要是由于消费者在各种消费需求刺激下引起心理上的冲动，促使消费行为的实践。消费需求偏好决定着消费动机，消费动机的差异会产生不同的消费行为。由图3-5可知，农村居民文化消费的最主要动机是消遣娱乐，其次是个人兴趣、锻炼身体，第三是为了缓解压力和提升生活质量，第四是为了获取信息、知识技能和提高个人素养，最后是社交需要和追求时尚。由此可见，农村居民文化消费的动机仍然是以娱乐型和兴趣导向型为主，但随着生活水平的提升和新型城镇化进程的推进，这种文化消费动机呈现出向发展型和智力型转变的趋势。在农村，居民进行文化消费较少考虑社交和时尚，个性化和层次性的需求偏好仍较为薄弱，与城市居民文化消费需求动机有一定的差异。

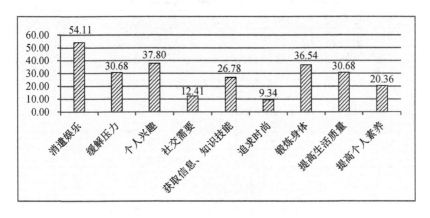

图3-5　文化消费动机统计图（单位：%）

　　（2）农村居民年均文化消费支出情况分析

　　本书研究的农村居民文化消费主要包括日常的休闲娱乐、上网、技能培训等方面的现金支出。调查采用直接提问的形式收集原始数据。由于调查数据样本量大且较为分散，为方便统计，按照文化消费支出金额和占总支出的比例进行划分。由表3-4可知，农村居民文化消费支出较低，54.25%的农村居民的文化消费支出

在 2000 元以下，19.53％的农村居民的文化消费支出低于 500 元，
且有 1.81％的农村居民从未进行过文化类产品的消费。对文化消
费支出占当年总消费支出的比例进行统计可知，23.99％的农村居
民的文化消费支出的比例在 5％以下，19.52％的农村居民的文化
消费支出比例低于 10％，仅有 6％的农村居民文化消费支出比例
占总消费支出的 60％以上。由此可见，农村居民的文化消费支出
水平较低，其消费支出仍然以低层次的食品等日常支出为主，与
城镇居民文化消费水平还有较大差距。调查发现，一些农村家庭
的文化消费极少，文化消费被社会保障如养老、教育等方面的较
大开支挤压，农村居民在精神层面的文化支出的积极性非常低。

表 3-4 农村居民年文化消费支出的描述性统计

文化消费支出金额	百分比（％）	文化消费支出占总支出的比例	百分比（％）
2000 元以下	54.25	5％以下	23.99
[2000，4000)	20.65	[5％～10％)	19.52
[4000，6000)	11.29	[10％～20％)	22.18
[6000，8000)	6.42	[20％～30％)	12.41
[8000，10000)	1.53	[30％～40％)	7.12
[10000，12000)	2.93	[40％～50％)	5.57
12000 元及以上	2.93	[50％～60％)	3.21
		60％及以上	6.0

（3）农村居民文化消费结构分析

在参考相关文献的基础上，本书根据调查数据对不同类型的
文化消费进行描述性统计分析。由表 3-5 可知，占据农村居民文
化消费比重最大的是网络电视类，这与当代互联网等电子通信设
备的迅猛发展息息相关。休闲娱乐类文化消费的比重次之，这主
要是由于农村居民生活水平提高后，消费水平逐渐向城市靠拢，
有更多的收入可以用于旅行等休闲娱乐的支出。对比城镇化前后
的数据显示，城镇化后，除棋牌类消费参与程度显著下降外，其
他类型的文化消费比例都有所上升，其中休闲娱乐类上升幅度最

大。新型城镇化建设的快速推进，特别是土地流转和新农村建设的征地政策的推进，为农村居民进行文化消费提供了物质保障。城镇化建设后，农村居民愿意将更多的时间投入到有益于身心健康和休闲的活动上来，农村居民文化消费需求显著提高。报纸杂志类消费比重的上升幅度也很明显，城镇化后部分农家书屋的建设为农村居民进行报纸杂志类的消费提供了可靠的场所，激发了农村居民的消费欲望。

表 3-5　城镇化前后农村居民文化消费结构的比较分析

文化消费类型	城镇化前（%）	城镇化后（%）	变化（%）
技能培训类	5.02	7.25	2.23
报纸杂志类	7.02	15.06	8.04
网络电视类	95.26	98.82	3.56
棋牌类	12.97	4.42	−8.55
艺术类	8.23	9.21	0.98
休闲娱乐类	44.35	58.44	14.09

（4）农村居民文化消费的满意度分析

本书采用"请根据实际情况回答您对以下具体文化产品消费的满意程度"来调查分析农村居民文化消费的满意度，主要采用李克特量表打分法，选项设置为"非常不满意""比较不满意""一般""比较满意""非常满意"，分值设定为 1～5。描述性统计分析得出被调查农村居民对技能培训类、报纸杂志类、网络电视类、棋牌类、艺术类、休闲娱乐类产品的文化消费满意度平均值分别为 1.53、1.9、2.24、1.75、2.44、2.10。由此可见，农村居民对于总体文化产品的消费满意度评价较低。被调查农村居民对不同类型文化消费的满意度水平由高到低依次为艺术类、网络电视类、休闲娱乐类、报纸杂志类、棋牌类、技能培训类；文化产品的供给与居民日益增长的文化消费需求之间的矛盾依然突出。在技能培训类产品方面，供需矛盾尤为明显。

（5）农村居民文化消费的影响因素分析

参考相关文献，结合农村居民文化消费的现实情况，本书选取 9 个影响因素进行调查分析。由图 3-6 可知，60.67％的被调查者认为"收入"是制约文化消费需求的最关键的因素。47.42％的农村居民提出"当前文化产品的价格"是其进行文化产品消费考虑的重点。认为文化消费需要"有足够闲暇时间"的农村居民占46.3％。34.87％的农村居民认为"兴趣爱好"是最主要的影响因素。而 33.75％的农村居民则认为"合适的文化基础设施和场所"是消费文化产品需要考虑的关键因素。也有部分农村居民认为，"产品服务的质量""朋友推荐""时尚潮流"等是影响文化消费需求的主要因素。由此可见，收入和文化产品的价格仍然是影响农村居民文化产品消费需求的重要驱动因素。

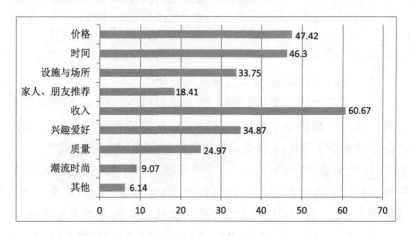

图 3-6　影响因素统计分析图（单位：％）

（6）农村居民文化消费的信息渠道分析

根据相关文献，本书将农村居民文化消费信息来源归纳为 9 种主要途径："村镇公告""政府宣传""人员推销""产品宣传册""互联网""广播""电视广告""报纸杂志""周边人告知"。由图

3-7 可知，农村居民在进行文化消费的信息选择时，主要通过电视广告的形式获得信息，占比达 60.81%；54.81%的农村居民获取文化消费的信息渠道为周围人告知；互联网和报纸杂志也是文化消费信息的主要途径；市场人员推销和产品宣传册等的宣传力度和影响力较弱；村镇公告和政府宣传尚未成为农村居民获得文化消费信息的重要渠道，基层组织对文化消费信息推广的力度远不如电视广告的效果明显。由此可知，当前农村居民普遍接受和认可的文化消费信息获得的途径主要是电视广告和周边人告知，随着互联网的兴起和电视的普及，电视、网络等现代传媒工具作为新的信息获取渠道开始发挥作用并成为影响农村居民文化消费心理形成的重要途径。

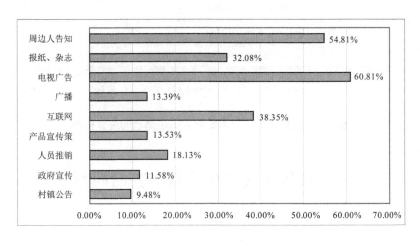

图 3-7　农村居民文化消费信息渠道统计图

（7）农村居民文化消费需求满足途径分析

当问及农村居民文化消费需求满足的改进措施时，农村居民给出了不同的看法。由图 3-8 可知，加大政府补贴力度和服务价格再低一些成为多数农村居民进行文化消费时最期望的改进措施。要求政府及基层组织提供更多的设施和场所、定期开展文化活动、定期免费开放场所的农村居民占近 50％。有 1/3 的农村居民认为规范文化消费市场、保护农村文化特色、加大政府和基层部门的宣传力度以及丰富文化产品的内容是文化消费需要改进的方面。此外，有 20.64％的农村居民认为放长假也是激发农村居民文化消费意愿的重要途径之一。由此可见，农村居民文化消费需求受到供给方的制约，文化产品在市场供给和基础设施供给方面与农村居民文化消费需求脱节，因此需要加大供给力度，缩小文化消费的供需矛盾。

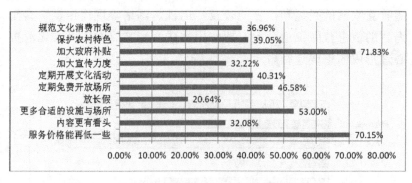

图 3-8　农村居民文化消费需求满足途径的统计分布

3.3　农村居民文化消费存在的问题

3.3.1　农村居民文化消费需求总体水平偏低

收入水平是影响农村居民文化产品消费的首要原因，收入水平的高低直接关系到农村居民的需求能力和支付能力。尽管新型城镇化建设从一定程度上带动了当地集体经济的发展和个人收入水平的提高，提升了当地农村居民的生活水平，但是农村居民的文化消费仍然受到收入的严重制约，他们更倾向于能够满足基本物质要求的消费，将家庭多余支出用于教育、医疗和养老等领域，而对提升精神文明建设的需求较低。尽管笔者及调查团队是在新型城镇化示范区天津市蓟州区等地区进行的调查，但是调查结果发现，大部分农村居民尚未意识到精神文明建设的重要性，被问及文化产品消费时，主要还是以教育为主，对于休闲娱乐等项目的关注率较低，甚至有部分农民不知道文化消费为何物，毫无文化消费意识和概念。前文调查数据表明，大多数农村居民的文化消费支出仅占收入的 5％以下，说明农村居民文化消费水平与城市居民相比还有较大差距，远低于发达国家居民（10％～20％）的文化消费水平。由此可见，农村居民文化消费需求普遍偏低，尤其是低收入群体的文化消费能力明显不足，有大量的内在需求潜力亟待开发。

3.3.2 农村居民文化消费结构较为单一

消费结构主要是指农村居民对不同类型文化产品的消费支出比重。如前文所述，当前天津市农村地区文化产品的消费仍以娱乐型、享受型文化产品为主，农村居民文化消费的类型集中于网络电视类，而对其他类型文化产品的消费需求较低，对较高层次的发展型、智力型的消费需求相对较低。由于受传统观念和长期以农业为主的生活环境的约束，农村居民在农忙时没有时间消费，在农闲时也是以网络通信、看电视为主，有部分农村居民的文化活动仅限于棋牌类产品。调查发现，农村居民对于不同类型文化产品有较强的消费意愿，尤其是新型城镇化建设推进后，农村居民对文化艺术类产品的消费需求意愿有所增加，但是受到当地文化消费场所的限制，更愿意进行网络电视等产品的消费，技能培训、艺术类等文化活动整体遭受冷遇。农村居民文化消费结构较为单一，对其他类型文化产品的消费能力明显不足。

3.3.3 农村居民文化消费的动力不足

受制于教育资源的分配不均,农村居民的文化水平普遍不高,部分农村居民的文化欣赏能力处于较低的水平,对文化消费的认知程度较低。调查表明,部分农村居民具有较强的小农意识,消费观念十分保守,认为文化消费没有任何意义,导致文化消费动力不足。在实地调查中还发现,新型城镇化建设过程中,部分农村居民赖以生存的土地被一次性买断,失地农民受自身素质和劳动技能的限制,找不到满意的工作,彻底丧失了劳动机会,仅靠土地补助金生活,连基本的物质支出都难以维系,更谈不上精神层面的文化消费。部分农民虽然找到了工作,但是由于就业竞争压力大,常年加班加点工作,即使法定节假日也需要奔波劳碌,没有时间和精力去进行精神层面的文化消费。收入的限制、时间的约束及其他因素都使得农村居民缺少文化消费的动力。

3.3.4 农村居民文化消费信息来源渠道较单一

城镇化后,农村居民获取文化消费相关信息的渠道有所增加。在过去,信息渠道主要是村镇公告和政府宣传,而现在随着网络信息技术和通信设备的发展,农村居民获取文化消费信息的渠道明显增多。尽管如此,由于认知水平有限,农村居民进行文化消费的信息渠道主要还是以电视广告和周边人群告知为主,一些农村居民也开始通过互联网了解消费信息,但总体来看,农村居民获取文化消费信息的渠道仍旧较为单一。

3.3.5 文化产品和服务存在供需不匹配

充足和表征农户意愿的供给是激发农村居民消费欲望的前提条件。如前文所述,农村居民有着较强的文化消费意愿,但是日益增长的文化消费需求与市场和政府供给的结构性矛盾日益突出，限制了农村居民文化消费水平。当被问及"您所在的村子是否有相关的文化基础设施"时，91.31％的农村居民表示，自己的村子有丰富的文化基础设施，如农家书屋、健身器材等，尽管农村文化公共基础设施在新型城镇化示范区供给较为充足，但实地调研仍然发现，农村居民希望政府或当地基层组织能够提供更多的补贴、免费的文化场所和更为便捷的文化基础设施。这是因为当地建设的文化基础设施的利用率低，未能发挥其内在的文化功能，导致农村居民对当前文化消费基础设施供给的满意度处于较低水平。在调查中我们还发现，当地农村对文化类活动的宣传力度较小，少有农村居民了解本村举办的相关文化活动信息，对文化活动的宣传力度不够也在一定程度上造成了文化服务提供的供需不均衡，限制了农村居民的文化消费认知。

3.4 小结

本部分在调查天津市农村居民文化消费现状的基础上，总结归纳了农村居民文化消费的特征，并指出当前农村居民文化消费存在的问题，为天津市政府制定激发文化消费内在需求，调整农村居民消费结构，提升农村居民的综合素质，加快新农村文化建设和农村文化产业发展的政策提供依据。本部分利用天津市微观农村居民调查数据，从农村居民文化消费作用认知及消费动机、年均文化消费支出、消费结构、消费满意度、消费信息获取渠道、消费需求满足途径等方面总结了天津市农村居民文化消费的特征。在此基础上，指出天津市农村居民文化消费存在需求总体水平偏低、消费结构较为单一、农村居民文化消费的动力不足、文化产品或服务供需不匹配等问题。

4 新型城镇化背景下
农村居民文化艺术需求弹性分析

增强农村居民文化消费水平和能力，成为加强新农村文化建设和提高农村居民生活质量的重要举措。党的十八届三中全会发布的《中共中央关于全面深化改革若干重大问题的决定》明确指出，推进文化体制机制创新，以文化建设增强居民生活水平。党的十八大报告也明确提出到 2020 年实现全面建成小康社会的目标，不仅让人民群众过上富足的物质生活，也要让人民群众享受到健康丰富的文化生活。天津市作为文化消费的第一批试点城市，农村居民文化消费市场的好坏直接关系到天津市新农村文化建设和文化产业的发展，关系到天津市能否顺利实现全面建成小康社会的战略目标。农村居民是国内消费需求的关键主体（赫鹏，2011），对其消费需求的偏好研究关系到巨大的农村文化市场的开发和农村经济的建设。因此，研究农村居民文化消费，明确农村居民文化消费需求的偏好及影响因素，探讨不同文化产品间的替代和互补关系，对天津市文化产业的发展极具实践意义。

从以往研究来看，我国文化消费的研究普遍就收入和价格是影响文化消费需求的两大关键因素达成共识，同时，户主年龄、受教育程度、财富、个人消费水平、家庭规模、市场机制因素、文化设施水平、经济发展水平也是影响文化消费的关键变量（雷五明，1993；米银俊等，2002；赵吉林，桂河清，2014）。达迪思等（Dardis et al.，1981）利用来自劳动局的调查数据实证分析了1972 年和 1973 年家庭用于娱乐消费支出的数据，发现娱乐支出受收入和受教育程度的正向影响，受家庭领导成员年龄的负向影响。现有文献主要将研究重点放在运用城乡居民科教文卫支出的统计年鉴数据等宏观数据阐述居民文化消费问题上，较少探讨农村居民文化产品的消费需求。一方面，农村文化市场作为潜力巨大的新兴消费市场尚未被关注，且农村居民作为文化消费的主体，其消费需求结构被长期忽视。另一方面，由于文化产品没有统一的分类，尤其是农村居民消费的文化产品较为分散，导致有关农村居民文化消费需求研究的微观调查资料收集困难，微观数据分析相对缺乏。为更好地制定具体的文化消费政策，推动农村文化产业的发展，基于微观层面探讨农村居民文化产品消费结构的变化，并对城镇化进程中农村居民的消费特征如何影响文化消费结构的量化分析显得十分必要（谭涛等，2014）。

目前学术界解释消费者行为与偏好时普遍应用 ELES（expended linear expenditure system）模型和 AIDS（almost ideal demand system）模型，通过建立需求系统模型分析居民家庭在既定收入与商品价格约束下的消费结构问题。例如，鲁婧颉（2010）利用扩展线性支出系统模型（ELES），运用我国各省份的宏观数据，估计城乡居民的文化边际消费倾向和收入弹性，结果表明我国居民文化边际消费倾向处于上升态势。刘晓红（2012）利用 ELES 模型，选取 2009 年农村居民消费数据，通过估计消费需求价格弹性，发现农村居民文化消费需求自价格弹性在消费结构中处于第三位。但这两种模型假设恩格尔曲线是线性的，而现实中农村居民的恩格尔曲线并不是完全线性的，与假设不相符。基于此，班克斯等（Banks et al.，1997）拓展了线性假设条件，认为边际消费份额随收入产生非线性的二次变化，提出了二次的近似理想需求系统（quadratic almost ideal demand system，QUAIDS）模型。因该模型的假设条件与农村居民的消费实践更为贴近，在消费结构方面具有更强的解释力，被学者用来研究居民的家庭消费支出或食物消费支出，计算居民消费弹性及偏好。吴蓓蓓等（2012）以广东省为例，选取 2007—2009 年城镇居民家庭食品消费数据，运用 QUAIDS 模型，分析不同收入家庭食品消费结构差异。但是采用该模型，利用微观农村居民调查数据分析不同类型文化产品消费的文献凤毛麟角。

　　基于此，本部分将文化产品划分为技能培训类、报纸杂志类、网络电视类、棋牌类、艺术类、休闲娱乐类六种类型，利用二次的近似理想需求系统（QUAIDS）模型，对农村居民各类型文化产品消费支出影响因素进行实证分析，并进一步估计农村居民不同类型文化艺术产品需求替代弹性和价格弹性，考察不同类型文化产品间的替代和互补效应。通过计量模型探讨新型城镇化背景下农村居民文化艺术需求的偏好，为公共服务供给和政策制定提供一定的决策参考和实证依据，并试图在文化产品消费结构的弹性估计上有所突破和创新。

4.1 研究假设

　　新型城镇化建设的推进和农村居民收入水平的提高极大地刺激了农村居民文化消费需求。农村居民文化消费发展前景广阔，部分学者开始关注农村居民文化消费，并得出大量的结论。本部分基于现有研究成果，结合相关文献，测度了农村居民文化产品消费结构，并提出如下研究假设。

　　（1）农村居民文化产品消费影响因素的假设

　　H1：农村居民文化产品消费支出受到个人禀赋如性别、年龄、受教育程度、健康状况、闲暇时间的影响。

　　农村居民是农村文化产品的主要载体，农村居民文化消费效用的满足取决于个人偏好，而个人偏好的差异在很大程度上取决于个人的禀赋状况，农村居民禀赋差异会产生不同的文化消费行为（王见敏，2012）。因此，本研究试图选取性别、年龄、受教育程度、健康状况、闲暇时间作为衡量个人禀赋的主要指标，并将其纳入影响因素分析框架。根据传统社会学理论可知，性别异质性主要表现在行为方式和思维模式方面。不同性别的消费者由于消费心理和消费预期的差异，导致其文化产品的消费层次和类型不同，但性别对文化消费的具体影响方向待定。不同年龄层次的消费者因其生活体验、价值观的差异造成其在消费时选择的文化产品类型有所不同。随着年龄的增长，消费者更倾向于对艺术类等内涵型文化产品进行消费，年轻消费者则对现代热门文化产品如休闲娱乐等的消费更为热衷。因此，本研究引入年龄的平方进行分析。受教育水平与居民的消费习惯、文化认知能力和素养有很大关系，会影响农村居民文化产品的消费支出。一般来说，受教育程度高的农村居民拥有较高的文化鉴赏、认知和理解能力，为提高生活品质和素质修养，更愿意进行文化产品的消费。健康状况是否良好，与农村居民文化产品的消费能力有直接关系。一般来讲，健康状况良好的农户更愿意接受文化艺术的陶冶，而身体状况不好的农村居民因受到病痛折磨而无心和无力进行文化产品消费。闲暇时间是影响文化消费的重要变量，是否拥有闲暇时间在一定程度上会影响农村居民文化消费需求，充足的闲暇时间为农村居民文化消费提供了时间保证（米银俊等，2002）。具体的变量解释及假设如表 4-1 所示。

表 4-1　农村居民个体禀赋变量及预期假设

变量名称	变量解释	平均值	标准差	预期假设
性别	男=1，女=0	0.450	0.497	?
年龄	实际年龄	41.676	14.096	?
受教育程度	实际受教育年限	9.313	3.421	+
健康状况	很差=1，较差=2，一般=3，良好=4，非常好=5	2.437	1.107	+
闲暇时间	有=1，没有=0	0.500	0.500	+

注："+"表示正相关，"?"表示方向不明确。

（2）不同类型文化产品消费支出弹性和价格弹性的假设

文化消费需求弹性揭示了文化产品消费量变动对产品价格和支出的敏感程度，体现了不同类型产品的替代互补关系。随着生活水平的提高和收入水平的提高，报纸杂志类和网络电视类产品在农村社会的普及率较高，已经基本具备生活必需品的特征，因此收入的增加对其支出的影响效果并不明显，随着价格的波动，消费需求量变化不大。技能培训类、棋牌类、艺术类、休闲类产品属于娱乐型、发展型的产品，因其本身的投入高，容易受到收入水平的影响，且对于农村居民来说，这几类产品价格的变化会造成文化消费需求总量的极大波动。因此，根据各类型产品的特征，本部分提出假设 2 和假设 3。

H2：报纸杂志类和网络电视类产品的支出弹性较小，而技能培训类、棋牌类、艺术类、休闲类产品消费支出弹性较大。即假设其他因素不变，随着文化消费支出总量的增长，农村居民文化消费支出波动比较大的可能是技能培训类、棋牌类、艺术类和休闲娱乐类的产品，而报纸杂志类和网络类的支出相对平稳。

H3：报纸杂志类消费缺乏价格弹性，而网络电视类产品、技能培训类、棋牌类、艺术类、休闲类产品消费富有价格弹性。即随着价格变动，农村居民对报纸杂志类产品消费量变化不敏感，而对网络电视类、技能培训类、棋牌类、艺术类和休闲娱乐类的产品需求量变化较大。

4.2 模型构建

选择合理需求函数形式是分析消费者需求影响因素，了解文化消费需求结构，预测消费者需求行为的理论基石。解释消费者行为与偏好的最好估计方式就是应用以恩格尔曲线形状建立的需求系统模型来分析预算约束和价格约束下的消费结构。此前，学术界普遍应用的需求系统模型是近似理想需求系统模型（Almost Ideal Demand System，AIDS），随着研究的深入展开，AIDS 模型受到学者们的质疑，他们认为该模型存在估计精度不准的问题。AIDS 模型假设恩格尔曲线为线性，属于 2 秩模型，而现实生活中，支出份额和支出总额间应该存在着一种非线性关系，AIDS 模型的假设前提与现实情况不符合，难以真实可靠地对文化消费行为进行解释。因此，为了增加估计的精准性，Banks 等（1997）将 AIDS 模型的假设条件放宽，在此基础上加了一个二次项，使模型扩展为更贴合实际的 3 秩 QUAIDS（Quadratic Almost Ideal Demand System）模型。根据 Banks 等（1997）的研究思路，农村居民文化消费的效用函数可以表示为：

$$\ln U = \left\{ \left[\frac{\ln m - \ln a(P)}{b(p)} \right]^{-1} + \lambda(P) \right\}^{-1} \tag{1}$$

其中 m 表示六种类型文化产品消费的总支出，P 表示不同类型文化产品价格的集合，主要包括报纸杂志类、网络电视类、技能培训类、棋牌类、艺术类、休闲类产品这六种类型产品的平均消费价格；其中，$\ln a(P) = \alpha_0 + \sum \alpha_i \ln p_i + \frac{1}{2} \sum \sum \gamma_{ij} \ln p_i \ln p_j$，$b(p) = \prod P_i^{\beta_i}$，$\lambda(p) = \sum \lambda \ln p_i$；$\alpha_i \gamma_{ij} \beta_i \lambda$ 为待估计系数。根据罗伊定理最终可以得到不同类型文化产品消费份额 w_i 的表达式如下：

$$w_i = \alpha_i + \sum \gamma_{ij} \ln p_j + \beta_i \ln \left[\frac{m}{a(p)} \right] + \frac{\lambda_i}{b(p)} \left\{ \ln \left[\frac{m}{a(p)} \right] \right\}^2 \tag{2}$$

　　为实现约束条件下效应最大化目标，二次几乎理想需求系统（QUAIDS）模型需要满足加总性（$\sum \alpha_i = 1, \sum \beta_i = 0, \sum \lambda_i = 0, \sum \gamma_{ij} = 0$）、齐次性（$\sum \gamma_{ij} = 0$）和对称性（$\gamma_{ij} = \gamma_{ji}$）的原则。

　　在价格和预算约束下，农村文化消费需求还受到农村居民个人秉赋的影响。为了更好拟合农村居民个人秉赋变量对文化产品消费的影响程度，本书根据 Ray（1983）和 Poi（2002a）的 QUAIDS 扩展模型进行影响因素的估计。根据其建模思想，每个农村居民家庭消费支出函数的表达式为：

$$e(p,Z,u) = m_o(p,Z,u) \times e^R(p,u) \qquad (3)$$

　　其中，$m_o(p,Z,u) = \overline{m}_o(Z) \times \Phi(p,Z,u)$（$\overline{m}_o(Z) = 1 + \rho'Z$）表示的是纳入个人秉赋变量（如性别、年龄、年龄的平方、受教育程度、健康状况、闲暇时间）的支出函数，具体表示为

$$\ln \Phi(p,Z,u) = \frac{\prod_{j=1}^{k} p_j \beta_j (\prod_{j=1}^{k} p_j^{\eta_j'z} - 1)}{\frac{1}{u} - \sum_{j=1}^{k} \lambda_i \ln p_j}$$

　　最终得到引入个人秉赋变量的消费支出份额模型，具体表达式为：

$$w_i = \alpha_i + \sum \gamma_{ij} \ln p_j + (\beta_i + \eta_j' z) \ln \left[\frac{m}{m_0(Z)a(p)} \right]$$
$$+ \frac{\lambda_i}{b(p)c(p,Z)} \left\{ \ln \left[\frac{m}{\overline{m}_0(Z)a(p)} \right] \right\}^2 \qquad (4)$$

　　其中，$c(p,Z) = \prod_{j=1}^{k} p_j^{\eta_j'z}$，$Z$ 表示特征变量的矩阵，p 表示

不同变量的待估计系数。

由此可以推导出马歇尔需求弹性（非补偿需求价格弹性）、消费需求支出弹性、补偿价格弹性的公式分别为（5）、（6）、（7）：

$$\varepsilon_{ij} = -\delta_{ij} + \frac{1}{w_i}\left\{\gamma_{ij} - \left[\left(\beta_i + \eta_i'z + \frac{2\lambda_i}{b(p)c(p,Z)}\ln\left[\frac{m}{\overline{m_o(Z)a(p)}}\right]\right]\right.\right.$$

$$\times(\alpha_j + \sum_i\gamma_{ji}\ln p_i) - \frac{\left(\beta_j + \eta_j'z\right)\lambda_i}{b(p)c(p,Z)}\left\{\ln\left[\frac{m}{\overline{m_o(Z)a(p)}}\right]\right\}^2\right\} \quad (5)$$

$$\mu_i = 1 + \frac{1}{w_i}\left[\left(\beta_i + \eta_i'z + \frac{2\lambda_i}{b(p)c(p,Z)}\ln\left[\frac{m}{\overline{m_o(Z)a(p)}}\right]\right] \quad (6)$$

$$\varepsilon_{ij}^C = \varepsilon_{ij} + \mu_i w_j \quad (7)$$

4.3 数据来源及描述性统计

4.3.1 数据来源

如前文所述，文化产品消费结构研究在东丽区、静海区、蓟州区三个区展开，本次调查回收问卷 1200 份。在调查时先对不同类型文化产品进行解释，然后采用直接询问的方式来填写不同类型文化产品的价格和农村居民文化消费的支出状况。由于调查中，部分农村居民不同类型文化产品的消费支出金额存在异常，远远高于家庭收入，不符合常理，因此在数据处理时剔除异常值，最终纳入本部分研究的有效调查问卷为 880 份。

4.3.2　描述性统计

表4-2是2014年样本农村居民各类文化产品年均消费支出及产品价格的统计结果。样本农村居民家庭年收入的平均值为32178.58元，文化产品的平均支出为2299.914元，仅占家庭总体收入的7.14%，由此可见，农村居民文化产品的消费水平依然很低。在农村居民各类文化产品平均消费支出中，休闲娱乐产品的支出占比最高，这与其价格较高有关；其次是网络电视类产品，随着互联网和通信设备的完善，网络电视类产品逐渐成为农村居民文化消费的主流产品；而报纸杂志类产品的平均消费支出最低，一方面与报纸杂志类产品本身的价格低有关，另一方面，随着网络的兴起和农家书屋、图书馆等场所的建设，报纸杂志类有偿消费比例逐渐降低。

表4-2　受访者收入特征和文化消费支出情况描述性统计（N=880）

变量分类	变量名称	变量解释及单位	平均值	标准差
家庭特性	家庭收入	实际家庭年均收入（元）	32178.580	34982.190
年均文化消费支出	技能培训类	技能培训支出（元）	61.065	371.460
	报纸杂志类	购买报纸杂志的支出（元）	38.605	126.245
	网络电视类	网费、电视支出（元）	1011.810	987.969
	棋牌类	打麻将、棋牌的支出（元）	154.691	577.136
	艺术类	美术馆、绘画的支出（元）	366.360	4303.374
	休闲娱乐类	旅游的支出（元）	1361.841	2454.189
各项文化产品价格	技能培训类	技能培训的加权平均（元/次）	1261.574	1454.431
	报纸杂志类	报纸杂志类加权平均（元/次）	25.491	19.532
	网络电视类	网络电视类加权平均（元/次）	368.519	539.567
	棋牌类	棋牌类产品加权平均（元/次）	509.306	719.688
	艺术类	美术类产品加权平均（元/次）	123.411	85.158
	休闲娱乐类	旅游产品价格（元/次）	225.787	357.739

4.4　实证结果

本部分使用统计软件 Stata 12.0 编程模拟估计农村居民各类型文化产品消费需求 QUAIDS 模型。为避免 QUAIDS 模型中家庭总消费支出的对数及其平方项与误差项可能存在相关性的问题，笔者采用非线性似不相关回归（NLSUR）进行估计以保证估计准确性。

4.4.1　各类型文化产品消费支出的影响因素分析

表 4-3 为 QUAIDS 模型部分估计结果，主要统计的是个体特征变量对各类文化产品消费支出的影响系数。由表 4-3 可知，性别对总体消费水平影响并不显著，但性别对技能培训类产品的消费支出有显著正向影响，与棋牌类产品的消费支出存在显著负向关系，表明男性更愿意消费技能培训类产品，而女性则愿意进行棋牌类产品消费。调查表明，中国农村家庭是典型的"男主外女主内"的家庭，作为家中主要劳动力和收入来源的男性更愿意进行技能培训类产品的消费，以提高自身的技能和智力水平，进而创造更好的生活；农村家庭中的女性主要以家庭农活为主，在农活之余，有较多的空闲时间，更愿意进行棋牌类等消遣性的娱乐活动。年龄对总体消费水平有显著的负向影响，其中对报纸杂志类、网络电视类有显著的正向影响，对休闲娱乐类消费有显著的负向影响。年龄越大，农村居民文化消费的平均水平越低，可能的原因是人口老龄化导致居民储蓄心理强，消费观念保守，且有养老、患病等后顾之忧，不愿意过度消费文化产品，为消磨时光，老年人更愿意进行成本相对较低的报纸杂志类和生活必需的网络电视类产品的消费。受教育程度与总体消费水平存在显著正相关，受教育程度对棋牌类消费支出有负向影响，基本符合假设 1 关于

受教育程度变量的说法。受教育程度不同的农村消费者对不同类型文化产品的选择有所差异，相比于棋牌类产品，学历较高的农村居民因受过高水平教育，知识丰富，文化修养相对较高，注重高品位的消费，偏好于知识型和高雅型产品。健康状况对总体消费水平有显著的负向影响，其中对报纸杂志类、网络电视类有显著的正向影响，对休闲娱乐类消费有显著的负向影响。闲暇时间对总体消费水平有显著的负向影响，其中对技术培训类、休闲娱乐类有显著的负向影响，这与假设 1 的预期不一致。调查发现，新型城镇化建设后，部分农村居民土地被征收，被征地农村居民因失去赖以生存的土地，农业生产要素需进行重新配置，未来生活面临很多不确定性。为提高生活保障，农村居民更愿意在闲暇时间进行兼职活动来增加收入，对技能培训类和休闲娱乐类的消费较少。

表 4-3　各类型文化产品消费支出的影响因素的实证结果

	技能培训类	报纸杂志类	网络电视类	棋牌类	艺术类	休闲娱乐类	总体
α	−0.0047	0.0211*	0.8618***	−0.0137	−0.0172	0.1526***	—
β	−0.0103	−0.0359**	−0.2804***	0.0194	0.0081	0.2992***	—
λ	−0.0025***	−0.0021***	−0.0174***	0.0029***	−0.0006	0.0198***	—
性别	0.0062***	−0.0033	−0.0097	−0.0166***	0.0041	0.0193	0.0457
年龄	0.0007	0.0015**	0.0081***	0.0014	−0.0002	−0.0115***	−0.0273***
年龄的平方	0.0001	0.0001**	−0.0001***	0.0002	0.0001	0.0001***	0.0003***
受教育程度	0.0005	0.0009	0.0012	−0.0018***	0.0002	−0.0010	0.0145***
健康状况	0.0011	0.0030**	0.0184***	−0.0008	−0.0008	−0.0209***	−0.0481***
闲暇时间	−0.0066***	0.0027	0.0224	0.0063	0.0031	−0.0280**	−0.1030**

注："*""**"和"***"分别表示 10%、5% 和 1% 的显著性水平。

Wald 检验主要用于检验非线性的约束条件拟合程度。本部分采用 Wald 检验来判断加入约束条件后模型的估计效果如何。表 4-4 给出了纳入 QUAIDS 模型的个体禀赋变量 Wald 检验结果，由检验结果可知，纳入模型的个体变量都通过了显著性检验，表明模型估计时加入齐次性约束条件会有更好的拟合效果。

表 4-4　个体秉赋变量的 Wald 检验

	Chi2	P>Chi2
性别	28.07	0.0001
年龄	358	0
年龄的平方	305.02	0
受教育程度	16.37	0.0119
健康状况	30.13	0
闲暇时间	18.63	0.0048

4.4.2　各类型文化产品消费支出的弹性及偏好分析

（1）消费支出弹性分析

消费支出弹性表明的是农村居民文化产品消费总支出变化 1% 带来的不同类型文化产品支出的变化程度。如表 4-5 可知，技能培训类、报纸杂志类、网络电视类、棋牌类、艺术类、休闲娱乐类产品的消费支出弹性分别为 0.857、0.561、0.289、1.469、1.340、1.853，由此可见，农村居民文化消费支出每增长 1%，农村居民对技能培训类产品、报纸杂志类产品、网络电视类产品、棋牌类产品、艺术类产品和休闲娱乐类产品的消费量将分别增加 0.857%、0.561%、0.289%、1.469%、1.340%、1.853%，不同类型文化产品随着消费支出的变化，其支出变化由小到大依次为：网络电视类、报纸杂志类、技能培训类、艺术类、棋牌类、休闲娱乐类，除了技能培训类产品的支出缺乏弹性外，其他产品的支出弹性结果基本验证了本研究假设 2 提出的网络电视类、报纸杂志类支出弹性较小，艺术类、棋牌类、休闲娱乐类支出弹性较大的说法，这与不同类型文化产品的消费特征相关。网络作为一种新型文化载体开始崛起，由早期的奢侈品向必需品方向过渡，已经成为农村居民的基本生活必需消费产品，与此同时，纸质书报作为传统文化载体，其逐渐被边缘化。受访者对上网读书看报的偏好已经超过了阅读传统纸质版的报纸书籍。传统书报等受到新型文化网络载体的挤压，逐渐淡出原本有限的农村文化市场（王见敏，2012）。休闲娱乐类产品的消费弹性最大，伴随文化消费支出水平的提高，农村居民休闲娱乐类产品，尤其是旅游产品的消费量增幅最大。由消费支出弹性的结果可以判断出，随着生活水平的提高，农村居民文化消费的方向由网络电视、报纸杂志等娱乐型、消遣型向技能类、艺术类、休闲娱乐类等发展型、智力型和高雅型的产品转变。如何提高文化产品供给的质量成为未来农村文化产品发展需要研究的课题。

表 4-5　各类型文化产品消费支出的弹性分析

		技能培训类	报纸杂志类	网络电视类	棋牌类	艺术类	休闲娱乐类
支出弹性		0.857	0.561	0.289	1.469	1.340	1.853
马歇尔价格弹性	技能培训类	−1.133	−0.087	1.282	0.014	−0.133	−0.331
	报纸杂志类	−0.050	−0.897	1.217	−0.303	−0.250	−0.094
	网络电视类	0.028	0.038	−0.794	0.022	0.042	0.004
	棋牌类	−0.023	−0.197	−0.360	−1.019	−0.167	−0.048
	艺术类	−0.083	−0.218	0.490	−0.217	−1.242	−0.065
	休闲娱乐类	−0.035	−0.033	−0.528	−0.002	−0.017	−0.976
希克斯价格弹性	技能培训类	−1.128	−0.079	1.520	0.029	−0.122	−0.207
	报纸杂志类	−0.045	−0.889	1.445	−0.288	−0.240	0.024
	网络电视类	0.037	0.052	−0.402	0.048	0.060	0.208
	棋牌类	0.000	−0.159	0.712	−0.950	−0.119	0.510
	艺术类	−0.066	−0.190	1.282	−0.166	−1.207	0.348
	休闲娱乐类	−0.015	0.000	0.412	0.059	0.025	−0.486

（2）价格弹性分析

① 马歇尔价格弹性

马歇尔价格弹性，又称为非补偿价格弹性，从总体上来说，六种类型消费的自价格弹性均小于 0，基本符合消费价格弹性的一般特点。其中，报纸杂志类、网络电视类产品的消费自价格弹性的绝对值明显小于 1，这表明报纸杂志类、网络电视类产品的消费缺乏价格弹性，报纸杂志类和网络电视类产品的消费量对价格波动的反应不大；休闲娱乐类产品的消费自价格弹性的绝对值接近于 1；而技能培训类、艺术类、棋牌类产品消费自价格弹性的绝对值大于 1，表明技能培训类、艺术类、棋牌类产品消费富有价格弹性，即农村居民对这类产品的价格波动反应相当敏感，当这些类型的产品价格下降时，农村居民的消费量会显著增加，基本与假设 3 一致。因此，为了激发农村居民文化消费的积极性，可以提高对技能培训类、艺术类等产品的价格补贴水平。

② 希克斯价格弹性

希克斯价格弹性，又称为"补偿价格弹性"。补偿是指价格改变时，为保持消费者的消费量和效应不发生改变，而对消费者给予一定的补偿。六类文化产品消费的希克斯价格弹性分别为 −1.128、−0.889、−0.402、−0.950、−1.207、−0.486，其绝对值低于马歇尔自价格弹性，这表明如果对农民收入进行一定的补偿，可以保证农村居民的消费水平不降低。其中技能培训类、艺术类的希克斯自价格弹性绝对值大于 1，表明这两类文化产品的补偿效果更为明显。政府和基层组织对技能培训类和艺术类产品消费给予补偿能够提高农村居民这两类产品的消费积极性。

③ 交叉价格弹性

交叉价格弹性是衡量各项消费品相互之间的补充或替代关系的指标。交叉弹性为正，表明两者间是替代关系；如果为负，表明两者间为互补关系。根据表 4-5 可知，除了下划线（对角线）数据外，其他数据都为不同产品间的交叉价格弹性，由此可以推断不同产品间的替代和互补关系。本研究以未经过收入补偿的交叉价格弹性进行说明。总体来说，技能培训类产品、报纸杂志类产品、棋牌类、艺术类和休闲娱乐类与其他类型产品的交叉价格弹性数值较小，这表明上述几类产品消费受到其他类型产品的价格影响相对较小；网络电视类产品的交叉价格弹性较为敏感，容易受到其他产品的影响，网络电视类产品与技能培训类产品、报纸杂志类产品和艺术类产品有很强的互补关系，与棋牌类产品和休闲娱乐类产品有很强的替代关系。由此说明，农村居民对网络电视类产品的消费动机更多的是休闲娱乐和消遣，而网络电视的信息获取和智力发展的功能则相对较弱。

4.5　小结

农村居民文化消费结构的差异会影响农村居民文化消费行为及未来文化市场开发的方向和侧重点。本部分利用天津市东丽区、静海区、蓟州区三个区农村居民微观调查数据，通过扩展的QUAIDS模型对农村居民文化产品消费结构进行估计，分析结果表明：在影响因素方面，文化产品总体消费水平受到年龄、年龄的平方、受教育程度、健康状况、闲暇时间的显著影响，但不同变量对文化产品消费的影响方向不一。在支出弹性方面，网络电视类、报纸杂志类、技能培训类的支出弹性较小，艺术类、棋牌类、休闲娱乐类支出弹性较大。在价格弹性方面，报纸杂志类、网络电视类产品的消费缺乏价格弹性；休闲娱乐类产品的消费自价格弹性的绝对值接近于 1；而技能培训类、艺术类、棋牌类产品消费富有价格弹性。经过收入抵偿后各项产品自价格弹性的绝对值都有不同程度的下降。在交叉弹性方面，各类文化产品之间有很大不同。技能培训类、艺术类、棋牌类产品的消费富有价格弹性，对价格波动较为敏感。政府可以以价格补贴的形式鼓励农村居民进行这几种类型产品的消费。其次，经过收入抵偿后不同类型产品的自价格弹性的绝对值下降，收入补偿效果明显，即随着收入的增加，农村居民会增加对各类文化产品的消费。因此，公共文化服务和收入水平的提高也是改善农村居民文化消费水平的可靠途径。

5 农村居民文化艺术需求影响因素分析

——基于城镇化政策实施的视角

随着农村地区社会经济的迅猛发展，农村居民对精神层面的产品关注程度越来越高，文化消费热情被激发。尽管如此，在文化消费方面，农村居民人均文化消费水平依然落后于城镇居民，城乡差距逐渐拉大，农村居民有效需求不足。需求不足问题引起了经济学界和政策制定者的高度关注，他们试图通过政策的改革，尤其是城镇化建设的推进来解决该问题。十七届六中全会中提出，新型城镇化建设是经济增长的重要驱动力，是最大化释放居民需求的潜力所在，是农村现代化的必由之路。通过城镇化建设的推进改变消费观念，提升农村居民的消费能力，是扩大农村居民文化需求的重要途径之一。

现有文献围绕着城镇化和消费需求间的关系展开了大量的研究。研究结果表明：城镇化进程既是实现人口、财富、技术和服务的集聚的过程，又是人类生活、生产和组织的方式不断转变的过程。历史经验表明，城镇化能够有效解决需求不足（田雪原，2000）。雷潇雨、龚六堂（2014）通过计量分析模型考察了城镇化对居民消费的直接效应在于能够显著提高居民消费需求。李伟（2016）利用 Moran'I 指数和空间滞后模型分析得出城镇化水平与农村居民文化消费有显著的正向相关关系。潘明清、高文亮（2014）拟从劳动力流动视角，利用 1996—2011 年的省级面板数据，采用动态 GMM 估计方法测度城镇化对居民消费的作用，城镇化促进居民消费增长的效应主要通过吸引农村劳动力流动到第二、三产业，诱发产业结构的变革来实现。与此同时，城镇化还能够改变居民的消费习惯，促使居民消费结构由基本物质消费需求向高层次精神消费需求转变。但也有文献指出，城镇化对提高居民消费率贡献很小（范剑平，向书坚，1999）。齐红倩、刘力（2000）认为目前的城镇化政策并没有对增加农村居民收入起到实质作用，消费激励效果并不明显。相关研究为探究城镇化与消费需求间的联系提供了重要思路和经验借鉴。但现有研究存在几点不足：其一，当前文献研究集中于城镇化与居民需求的关系探讨，而城镇化政策对农村居民文化消费需求影响的研究尤其是量化研究略显不足。在目前农村居民文化消费需求不足的现实情况下，关于城镇化影响居民消费意愿的作用路径，特别是农村居民文化消费的路径，尚未得出一致结论，其内在机制有待进一步挖掘。其二，现有研究文献多从宏观省级面板数据入手测度，对微观农户的调查研究凤毛麟角。此外，如果选择微观农户进行调查，在调查研究中很容易出现已经城镇化居民和尚未城镇化居民的样本选择偏差，造成估计的失真问题。

因此，本部分以天津市农村居民文化消费意愿为调查对象，基于 880 户农村居民调查数据，采用倾向得分匹配方法的反事实估计，克服样本选择内生性问题，测度了城镇化对农村居民文化消费意愿的影响效应，阐述了城镇化政策对居民消费需求影响的内在机制，试图在推进城镇化进程中为激发农村居民文化消费需求，加快新农村文化建设，提升农村居民生活质量提供决策参考和实证依据。

5.1 新型城镇化政策概述

2001 年，我国"十五"规划纲要中首次提出实施城镇化建设的战略目标，随后，城镇化战略受到中央政府和社会各界的广泛关注。习近平总书记指出,"城镇化是现代化的必由之路。"李克强总理也曾多次发出"中国未来发展的最大潜力在于城镇化建设,尤其是以人为核心的新型城镇化建设"的号召。党的十八大会议上对如何深入推进新型城镇化建设做出重大决策部署,并出台了《国家新型城镇化规划(2014—2020 年)》,以指导新型城镇化建设的实践。城镇化政策的主要目的在于缩小城乡收入差距,对转移农业剩余劳动力,增加农村居民的消费需求,特别是重启农村消费市场起到重要的推动作用。新型城镇化政策的实施成为带动农村经济增长的根本出路。

5.1.1 新型城镇化政策的目标

根据《国家新型城镇化规划(2014—2020 年)》的相关要求,要推进以人为核心的新型城镇化,有序推进农业转移人口市民化,提高农村经济发展水平,全面构建小康社会,就要在坚持以人为本、四化同步、优化布局、生态文明、传承文化的原则下走新型城镇化道路,遵循农村经济社会发展规律,积极稳妥推进,着力实现提升新型城镇化政策的发展目标:提高城镇化建设的质量和发展水平,优化城镇格局,提升中小城镇的公共服务(养老、教育、医疗、就业、住房等保障性服务)水平,完善城镇化过程中的户籍管理、土地管理、社会保障、财税金融、行政管理、生态环境等制度体系。

5.1.2 新型城镇化政策的内容

新型城镇化政策围绕有序推进农业转移人口市民化、推进符合条件农业转移人口落户城镇、推进农业转移人口享有城镇基本公共服务、建立健全农业转移人口市民化推进机制、优化城镇化布局和形态、强化综合交通运输网络支撑、强化城市产业就业支撑、提升城市基本公共服务水平、加强和创新城市社会治理、推动城乡发展一体化、加快农业现代化进程、建设社会主义新农村等内容展开了深入的说明。

对于农村居民来说，新型城镇化政策的实施重点在于通过依托当地的资源和区域优势特色，提升当地经济发展水平，完善当地的产业结构，加大对学校、医疗卫生机构、文化设施、体育场所等公共服务设施的建设，构建满足农村居民生活的公共服务体系，为农村居民提供更多享受生活和提升生活服务质量的机会，加快社会主义新农村建设的进程。

5.1.3 新型城镇化政策的实施方式

当前，国家开始陆续展开新型城镇化的试点工作，建立城镇化建设的重点镇和示范镇，通过城镇化政策在这些区域的示范和带动效应，促进全国范围的新型城镇化目标的顺利实现。在农村开展新型城镇化建设的关键是以城镇化目标为导向，以城镇化内容为依据，通过政府、民众及社会组织等多方努力开展新型城镇化的建设。以天津市为例，天津市积极开展以示范小城镇建设为核心，加强示范工业园区、农业产业园区和农村居住社区的联动发展，实现工业化、城镇化和农业现代化的三化联动，推动产业、城乡和区域协调发展。将农村小城镇作为新型城镇化载体，通过"宅基地换房"的手段，提高这些城镇的示范功能和辐射带动作用。与此同时，依托区域优势和功能区划、土地利用等差异合理布局三大产业，大力发展非农产业，实现产业集聚和规模化经营，增加农村居民就业岗位，提升收入水平。

5.1.4 新型城镇化政策对文化消费的作用机制

从新型城镇化政策实施内容和方式可知，新型城镇化建设从不同途径提供多元化的文化产品和文化消费环境，旨在提高农村居民收入水平，激发农村居民文化消费需求，深入挖掘居民文化消费的发展潜力，增强农村居民文化消费的动力，完善农村居民文化产业市场，缩小城乡发展差距，最终实现农村居民生活质量的优化。新型城镇化对文化消费的作用效应可以总结归纳为收入效应和消费环境优化效应。

（1）城镇化的收入效应

收入成为农村居民文化消费意愿的重要影响因素，已经在学术界达成共识。通过相关文献梳理，我们发现城镇化的收入效应主要表现在产业集聚、劳动力转移和土地征收方面。城镇化政策实施后，人口在区域范围内实现了空间集中，带动了不同产业的发展集聚。产业集聚带来的好处是实现了农业的规模化经营，有效释放了农村的第二、三产业的活力，促进了产业结构的优化。农业的规模化经营从一定程度上带动了农业生产要素的重新配置，直接提高了农村居民的经营性收入总量。第二、三产业活力的释放和产业结构的优化，为农村居民创造了更多的就业机会（潘明清，高文亮，2014），促使农村农业劳动力人口向非农产业转移，从而提高了农村居民的工资性收入水平。此外，在城镇化建设进程中，天津各区采取了"土地征收"和"宅基地置换"等措施，借助完善的农村宅基地抵押、担保、转让等制度，建立农村产权流转交易市场，完善对被征地农民多元保障机制等途径，拓宽了农村居民收入水平提高的渠道。这些措施的实施从某种意义上来说提高了农村居民财产性收入和转移性收入。因为农村居民对农产品的消费量较为稳定，不会随着收入的变化而发生明显的改变。因此，在基本物质需求得到满足之后，农村居民生活条件的改善和收入总量的增加，会促使农村居民转向更高层次的精神文化产品消费，进一步增强农村居民文化消费支付能力。

（2）城镇化的消费环境优化效应

城镇化的重要举措之一是农村居民实现空间上的转移，享受城镇化的福利待遇，也就是说，城镇化建设后，农村居民的生活空间和消费环境发生了变化，农村居民拥有了优质的消费服务环境和更多的消费选择机会，这必然会带来文化消费需求的增加。因此，本书总结出城镇化的消费环境优化效应，具体表现在基础设施建设、公共文化服务水平的提高和交易成本的降低上。新型城镇化政策中明确提出要加强公共文化服务的力度，通过加大乡镇综合文化站等农村公共文化和体育设施建设，提高有效供给能力，丰富农村居民的文化生活。新型城镇化政策提出"培育和践行社会主义核心价值观，加快完善文化管理体制和文化生产经营机制，建立健全现代公共文化服务体系、现代文化市场体系，形成多元开放的现代文化"的号召，有利于规范和丰富农村居民文化产业供给内容，进而为农村居民文化消费提供多种选择途径。新型城镇化政策调整了产业结构，促使大量企业集中，产业集聚使得市场竞争变得更加激烈，这加速了市场环境的改善，尤其是文化产业市场的改善，带动了文化产品价格的调整，降低了农村居民文化消费的交易成本，进一步优化了消费环境。此外，新型城镇化政策提出要发掘区域文化资源，强化文化传承创新，推动地方特色文化发展。通过构建特色型的文化小镇，为农村居民文化消费提供良好的消费氛围和消费环境。

构建新型城镇化对文化消费的作用机制如图 5-1 所示。

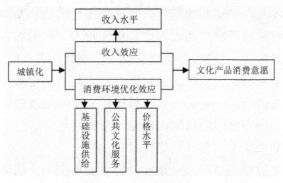

图 5-1　新型城镇化对文化消费的作用机制

5.2 模型构建

城镇化作用于文化产品消费需求的最终结果表现为农村居民对文化产品的消费意愿。本书尝试应用倾向得分匹配方法（Propensity Score Matching，PSM）考察城镇化对文化产品消费意愿的影响，评估城镇化的政策效果。对于个体农村居民 i 来说，文化产品的消费意愿（y_i）可能有两种状态，"愿意"（赋值为 1）或者"不愿意"（赋值为 0），这主要取决于其所处区域是否实施城镇化，即 $y_i = \begin{cases} y_{1i} & \text{if}_{Di} = 1 \\ y_{0i} & \text{if}_{Di} = 0 \end{cases}$ 其中，D_i 代表干预组和控制组的虚拟变量[①]，则城镇化对个体农村居民文化消费意愿的影响效果可表示为 $\Delta = y_{1i} - y_{0i}$。因此，政策效应用样本的平均干预效应（Average Treatment Effect，ATE）表示为：

$$\begin{cases} ATT = E(y_{1i} - y_{0i} \big| D_i = 1) = E(\Delta \big| D_i = 1) \\ ATU = E(y_{1i} - y_{0i} \big| D_i = 0) = E(\Delta \big| D_i = 0) \\ ATE = E(y_{1i} - y_{0i} \big| p(x)) = E(\Delta \big| p(x)) \end{cases} \quad (1)$$

其中，ATT 表示干预组在城镇化前后文化产品消费意愿的差异，ATU 则表示控制组在城镇化前后文化产品消费需求的差异，$p(x)$表示农村居民 i 的倾向得分，也就是农村居民是否愿意进行文化产品消费的概率，且 $p(x) = p(D_i = 1 \big| x = x_i)$，一般用 Probit 得到。

x 表示样本协变量矩阵，包括性别、年龄、受教育程度、闲暇时

[①] 本书参考马双和甘犁等（2009）对干预组和控制组的划分方法，将尚未城镇化农户和已经城镇化但没有文化消费意愿的农户作为控制组，将城镇化且有意愿进行文化消费的农户作为干预组。

间、收入水平、文化产品价格水平、基础设施建设、公共文化服务供给的满意度等系列变量。

从式（1）中可以看出，在估计城镇化对农村居民文化产品消费意愿影响时，必须估计出城镇化过程中农村居民如果未处于城镇化时的文化产品消费意愿情况。但现实中，一个农村居民要么处于城镇化，要么尚未城镇化，因此很难得出已参与城镇化的农村居民如果未处于城镇化时的文化消费意愿如何。也就是说，对于控制组的个体农村居民，无法观测其 y_{1i}；对于干预组的个体农村居民，无法观测其 y_{0i}。所以，在同一时点上，同一农村居民只能呈现一种状态，这会导致对平均处理效应的估计困难，造成选择性偏误。因此，使用 PSM 反事实估计来模拟一种自然实验的状态，得到在政策实施后的评估效应，能够有效避免因选择偏差导致的估计失真问题。

倾向得分匹配的基本思路是：找到一组与城镇化建设后农村居民禀赋特征相似的城镇化前的农村居民，观测特征相似农村居民的文化产品消费意愿，以此估计城镇化农村居民的反事实意愿（即农村居民在城镇化政策尚未实施情况下的文化消费意愿），其实际消费意愿与反事实的估计意愿之间的差异就是城镇化政策的影响效果。因此，城镇化后农村居民文化消费意愿的平均处理效用（$\widehat{ATT}$）估计量表达式为：

$$\widehat{ATT} = E\left\{E(y_{1i} - y_{0i}|D_i = 1, P(X)) - E(y_{1i} - y_{0i}|D_i = 0, P(X))\right\}$$

本部分倾向得分匹配的计算步骤为：①纳入协变量的倾向得分估计；②根据倾向得分采用被普遍接受的 K 近邻匹配方法（K=1）进行匹配；③对匹配后数据是否平衡进行检验，并估计出城镇化对农村居民文化消费意愿影响的平均处理效用。所有计算过程及步骤由统计软件 STATA 12.0 完成。

5.3 数据来源及描述性统计

5.3.1 数据来源

如前文所述,本研究的数据来源于天津市 1200 户农村居民的问卷调查,根据城镇化建设安排,按照县、镇、村的随机分层抽样方法,随机选取东丽区、蓟州区和静海区的 6 个镇、12 个村的各 100 户农户作为调查样本。调查对象为 16 岁以上的完全行为能力当事人。调查问卷主要围绕农村居民基本特征、农村居民文化消费需求等问题展开。本次调查回收问卷 1200 份,剔除无效数据,纳入本研究的有效问卷为 880 份,有效率为 73.33%。

5.3.2 描述性统计

（1）样本分布统计

东丽区、蓟州区和静海区都属于新型城镇化建设的试点单位,部分村庄已经实施了城镇化政策,并已经完成新型城镇化建设,但也有部分村庄仍然处于城镇化政策推进过程中或尚未城镇化。调查区域内已经实施城镇化政策的农村居民样本为 603 户（68.52%）,尚未城镇化的农村居民样本为 277 户（31.48%）。样本区域的具体分布如表 5-1 所示。

表 5-1　样本区域分布统计（单位：户）

	静海区			东丽区			大毕庄镇		蓟州区			官庄镇		合计
	蔡公庄镇	独流镇		华明镇					罗庄子镇					
	惠丰西村	刘祥庄村	南留楼	凤仪村	于明庄	胡张庄	徐庄	南孙庄	杨家峪村	铁岭子村	狐狸峪	小彩各庄村	
城镇化样本	50	53	52	60	49	51	45	42	50	51	57	43	603
尚未城镇化样本	35	28	25	21	10	12	13	24	23	27	32	27	277
合计	85	81	77	81	59	63	58	66	73	78	89	70	880

（2）城镇化前后关键变量统计

由表 5-2 可知，农村居民的文化消费意愿普遍较高，且城镇化政策实施后的购买意愿更为强烈。但实际调研发现，农户文化消费水平偏低，存在意愿与行为的偏离现象。城镇化政策实施前后农村居民的基本特征差异显著。在城镇化政策实施后的区域内，农村女性居民居多，年龄偏大，受教育程度相对较低，闲暇时间较短，这主要是因为新型城镇化政策实施带动了剩余劳动力的转移，使得留在村中的农户大部分是女性和孤寡老人。公共文化服务满意度有显著提高，文化消费意愿有显著提高。城镇化政策实施前后的差异表明农村居民文化消费意愿并不是一个随机选择的过程，容易受到政策倾向，尤其是公共文化服务供给的影响；且 T 统计量表明城镇化前后农户的禀赋差异较大，样本选择存在选择性偏误，因此需要对样本进行纠偏，精确估计政策效应的影响。

表 5-2　城镇化前后的描述性统计

	变量定义及赋值	城镇化前（样本数=277）		城镇化后（样本数=603）		T 统计值
		均值	标准差	均值	标准差	
因变量						
文化消费意愿	1=愿意；0=不愿意	0.80	0.4	0.88	0.3	-1.86*
自变量						
性别	1=男；0=女	0.47	0.5	0.44	0.5	0.52
年龄	实际调查数据（岁）	35.92	11.05	42.45	14.23	-3.88***
受教育程度	实际调查数据（年）	9.85	3.81	9.14	3.4	1.7*
闲暇时间	您是否有充足的闲暇时间？1=有；0=没有	0.44	0.62	0.22	0.42	4***
收入水平	您对自己的收入水平状况评价如何？1=较差；2=一般；3=较好	2.41	1.45	2.67	1.29	-1.63
文化产品价格水平	您对现有文化产品消费价格如何评价？1=较低；2=价位适中；3=较高	1.98	0.73	1.96	0.69	0.26

续表

	变量定义及赋值	城镇化前（样本数=277）		城镇化后（样本数=603）		T 统计值
文化基础设施供给	您觉得文化基础设施供给是否充足？ 1=充足；0=不充足	0.80	0.39	0.83	0.37	-0.56
公共文化服务满意度	您对现有公共文化服务是否满意？ 1=非常不满意；2=比较不满意；3=一般；4=比较满意；5=非常满意	2.55	1.3	2.9	1.3	2.24**

注："*""**""***"分别表示显著性处于 10%、5%和 1%的水平。

5.4 实证结果分析

5.4.1 倾向得分的 Probit 回归结果估计

根据倾向得分匹配原理，首先，使用 Probit 模型估计了倾向性得分，其具体步骤为对全样本农村居民文化产品消费意愿进行回归分析，解释变量分别为性别、年龄、受教育程度、闲暇时间、收入水平、文化产品价格水平、文化基础设施供给、公共文化服务满意度等。由表 5-3 可知，年龄对文化产品消费意愿有显著正向影响，也就是说农村居民年龄越大，越愿意进行文化产品的消费。在调研中发现，农村居民中空巢老人较多，子女常年外出务工，精神世界较为孤独，因此为消磨时光，丰富内心精神世界，愿意进行消费。闲暇时间对消费意愿有显著正向影响。有充足时间的农村居民更愿意进行文化消费。文化基础设施供给、公共文化服务满意度对文化产品消费意愿也有显著正向影响。统计结果表明，文化产品消费的动力随着满意度提高而变强。健全的公共服务为农村居民文化消费提供了便捷条件，唤醒了农村居民内在的消费动力。文化产品的价格水平对消费意愿有显著负向影响，也就是说价格越低，越愿意进行文化产品的消费，这与市场供需规律一致。文化产品价格弹性普遍比较大，农村居民文化消费意愿对价格变动反应更为敏感。其他因素影响效果并不显著。文化基础设施供给和服务满意度与城镇化政策中的完善公共文化服务供给水平息息相关，由此也表明农村居民文化产品消费意愿的影响更多在于政策因素的激励，城镇化政策在扩大农村居民文化消费需求方面的作用效果非常明显。为进一步考察城镇化政策实施对文化产品消费意愿的影响程度，接下来应用倾向评分匹配进行测度。

表 5-3　倾向评分的 Probit 回归结果估计

变量	系数	标准差
性别	−0.15	0.25
年龄	0.02***	0.006
受教育程度	0.013	0.022
闲暇时间	0.27*	0.15
收入水平	0.079	0.058
文化产品价格水平	−0.2**	0.09
文化基础设施供给	0.79***	0.22
公共文化服务满意度	0.11**	0.054

注："*""**""***"分别表示显著性处于 10%、5% 和 1% 的水平。因变量为是否愿意进行文化产品消费。

5.4.2 倾向评分匹配的估计结果

倾向评分匹配方法在样本选择纠偏和内生性的处理上具有一定的可靠性。根据城镇化前后的倾向分值，采用最近相邻配比法对数据进行匹配来测度城镇化对文化消费意愿的影响程度，最终得到表 5-4。由统计结果可知，匹配前，城镇化后农村居民的文化产品消费意愿（0.87）较城镇化前农村居民文化产品消费意愿（0.80）高出 7%。经过倾向性评分匹配，进行样本选择纠偏后，城镇化对农村居民文化产品消费意愿的平均处理效应达到 16%，表明城镇化是刺激农村居民文化产品消费的有效手段。如果忽视了内生性问题，城镇化建设扩大文化消费需求的政策效果将被低估。

表5-4　倾向评分匹配的处理效应

因变量	处理效应	城镇化后	城镇化前	差距
文化产品消费意愿	匹配前	0.87	0.80	0.07*
	ATT	0.87	0.71	0.16***

注："*""**""***"分别表示显著性处于10%、5%和1%的水平。

由表5-3意愿影响因素的统计结果可知，收入对意愿的影响并不明显，价格水平、文化基础设施供给和公共文化服务满意度的影响系数经过了显著性水平检验，对文化消费意愿的影响十分明显。由此可以推断出，城镇化政策的收入效应在扩大内需方面并不明显，可能的原因是部分农村居民认为文化产品在农村地区仍然属于奢侈品消费，即使收入提高也不愿意消费文化产品；还有一种可能就是城镇化建设后部分农户土地被征收，农民失去社会保障，更倾向于选择储蓄。城镇化对文化消费需求的激发主要是通过消费环境的优化，如前文所述，这种优化主要表现在价格降低、文化基础设施供给完善和公共文化服务符合农村居民心理需求方面。因此，要想解决农村居民文化消费需求偏低的问题，就要充分发挥城镇化政策效应，进一步加快文化基础设施建设，完善公共文化服务体系。

5.4.3 倾向得分匹配结果的平衡性检验

为进一步检验估计结果的可靠性，本研究对城镇化政策实施前后不同变量进行了平衡性检验，结果如表5-5所示。表5-5的第三列和第四列为城镇化政策实施前后不同变量的均值。表5-5中T检验结果表明，匹配后两组样本的差异并不显著，基本相同，由此纠正了样本的选择性偏误问题。根据偏误降低比例，可以看出，不同样本的偏误比例均有很大程度的降低（至少在 50％左右）。由该结果可知，表 5-3 和表 5-4 的估计具有一定的可靠性。

表 5-5　城镇化前后样本组的平衡性检验结果

变量	匹配类型	城镇化后	城镇化前	标准偏误（％）	偏误降低比例（％）	T 统计值	P 值
性别	匹配前	0.43	0.46	-6.3	25.6	-0.52	0.602
	匹配后	0.44	0.42	4.7		0.81	0.418
年龄	匹配前	42.45	35.92	51.3	70.3	3.88	0
	匹配后	42.45	40.51	15.2		2.52	0.012
受教育程度	匹配前	9.13	9.85	-19.9	-44.2	-1.72	0.086
	匹配后	9.13	8	28.8		4.31	0
闲暇时间	匹配前	0.22	0.44	-41.7	91.7	-4.09	0
	匹配后	0.22	0.2	3.5		0.72	0.469
收入水平	匹配前	2.67	2.41	18.8	83.6	1.63	0.103
	匹配后	2.64	2.59	3.1		0.56	0.575
文化产品价格水平	匹配前	1.96	1.98	-3.1	97.7	-0.26	0.796
	匹配后	1.964	1.96	0.1		0.01	0.991
文化基础设施供给	匹配前	0.83	0.8	6.6	-66.9	0.56	0.575
	匹配后	0.83	0.78	11.1		1.86	0.063
公共文化服务满意度	匹配前	2.9	2.55	26.8	83.8	2.24	0.025
	匹配后	2.9	2.84	4.3		0.81	0.42

5.4.4　稳健性检验

实践中，在进行倾向评分匹配方法估计时，可以采用半径匹配、卡尺内最近邻匹配、核匹配、局部线性回归匹配等多种匹配方法进行稳健性检验。如果不同方法的估计结果相似，则说明倾向匹配评分方法的结果具有一定的稳健性（陈强，2014）。检验结果表明，采用评分匹配得分方法进行的反事实估计结论并没有因为匹配方法的改变而发生变化（见表 5-6），研究结果具有一定的稳健性。对样本进行选择性纠偏后，城镇化对农村居民文化消费意愿的影响效果更为明显，验证了城镇化对文化消费意愿正向激励作用的结论。

表 5-6　ATT 稳健性结果检验

估计方法	城镇化后	城镇化前	差距
半径匹配	0.87	0.74	0.13***
卡尺内最近邻匹配	0.87	0.69	0.19***
核匹配	0.87	0.70	0.17***
局部线性回归匹配	0.87	0.71	0.16***

注："***"表示显著性处于 1% 水平。

5.5　结论

当前，大力推进新型城镇化建设，以实现扩大消费的目的。本研究基于 880 户农村居民的调查数据，克服了样本选择性偏差问题，采用倾向得分匹配方法反事实估计城镇化政策实施对农村居民文化消费意愿的影响，研究结果发现，城镇化对农村居民文化产品消费意愿有显著的正向影响；农村居民在城镇化普惠政策下，拥有更好的经济条件和更舒适的文化软环境，这极大地激发了农村居民内在文化产品的消费欲望。与此同时，农村居民文化产品消费需求还受到价格水平、文化基础设施供给、公共文化服务满意度的影响。最后，本部分通过稳健性检验进一步验证了城镇化政策对农村居民文化产品消费意愿的正向激励作用，应该进一步加强新型城镇化的建设力度，尤其是加强公共文化服务和产品供给，以启动和拓展农村居民文化消费市场，优化文化消费环境，刺激农村居民的文化消费需求。

6 收入分层视角下农村居民
不同类型文化产品消费意愿分析

　　农村居民文化消费是指农民为了满足自身精神文化生活而进行文化产品（或服务）消费的行为（葛继红，2012）。文化艺术需求属于消费者心理层面，从理论上来讲，农村居民收入水平的差异会影响其文化产品消费的需求偏好。收入异质性使得农村居民对各类型产品的消费意愿和感受各有不同。即使处于同一收入层次的农村居民也会因自身对收入来源、收入评价及未来预期的不确定性导致文化消费能力及支付水平的差异化。因此，收入分层下农村居民文化艺术需求的差异性研究，对于丰富文化艺术需求理论，促进农村文化产品的供给侧改革，推进农村新文化建设具有重要意义。

　　文化消费也属于消费，根据微观经济学理论，是消费就必然会受到收入的影响。部分学者利用凯恩斯绝对收入理论、杜森贝里相对收入理论和弗里德曼持久收入假说等考察了收入对文化消费的影响，分析得出收入是文化消费的关键变量。但收入对居民文化消费的影响是复杂的，希曼（Seaman，2006）则认为对于不同类型的文化产品，居民的消费行为存在差异。戴文特（Dewenter，2005）通过实证分析发现居民收入对本国电影消费有显著正向影响。费尔顿（1979）通过实证分析了产品价格、居民收入以及其他变量对本国居民消费高雅文化消费产品（如芭蕾、交响乐及歌舞剧等）的影响程度。文化消费属于农村居民潜在消费，消费意愿是文化产品潜在消费能力的重要表征，尽管现有文献已经就收入与文化消费能力的关系达成共识，认为收入是影响农村居民文化消费的重要变量，但当前研究侧重需求量的影响因素测度，忽视了对潜在文化产品消费意愿的考察，且未考察不同收入对不同类型文化产品消费意愿的影响，基于收入异质性视角和微观调研数据探讨农村居民文化产品消费需求形成的文献相当缺乏。

因此，本部分基于农村居民收入异质性视角，将农村居民按照收入差异划分为低等收入组、中等收入组和高等收入组，以新型城镇化建设为背景，在梳理相关文献的基础上，将文化产品划分为技能培训类、报纸杂志类、网络电视类、棋牌类、艺术类和休闲娱乐类六种类型，基于微观农村居民调查数据，运用 Ordered Probit 模型，研究不同收入分层对农户文化艺术产品消费意愿的影响，试图阐明收入对农村居民文化消费支付意愿的内在作用机制，以期在提高农村居民文化消费及生活质量、加快新农村文化艺术建设和文化市场发展方面提出有针对性的政策启示。

6.1 研究方法及变量说明

6.1.1 研究方法

本研究的被解释变量是农村居民文化产品消费支付意愿，用农村居民消费文化产品时愿意支付的份额占家庭收入的比例来表示。农村居民文化产品消费支付意愿采用定序变量赋值，共分为六个等级：不愿意=1，支付收入的 10% 及以下=2，支付收入的 10%～20%=3，支付收入的 20%～30%=4，支付收入的 30%～40%=5，支付收入的 40% 及以上=6。由于被解释变量"农村居民文化产品消费意愿"是一个六项有序选择变量，其数值越大代表结果越好，因而本书采用处理多分类离散数据的常用的一种方法——Ordered Probit 模型，真实模拟农村居民文化消费支付行为。模型表达式如下：

$$y_i^* = \sum_{i=1}^{n} \beta_i x_i + \varepsilon_i \tag{1}$$

其中，y_i^* 表示不可观测变量，即潜变量。x_i 表示影响第 i 个农村居民消费意愿的影响因素（包括农村居民个体特征变量、社会资本变量、市场供给环境变量、政府供给变量和村庄环境变量等），β_i 表示各因素的影响方向和强度，ε_i 表示随机误差项，服从标准正态分布。因为本研究设定农村居民消费意愿为 y_i，共有1、2、3、4、5、6 六个水平，设 $\delta_{i=1,2,3,4,5,6}$ 为阈值，且满足 $\delta_1 < \delta_2 < \delta_3 < \delta_4 < \delta_5 < \delta_6$，因此，不可观测变量 y_i^* 和农村居民消费支付水平 y_i 的关系如下：

$$y_i = \begin{cases} 1 & if & y_i^* < \delta_1 \\ 2 & if & \delta_1 \leqslant y_i^* < \delta_2 \\ 3 & if & \delta_2 \leqslant y_i^* < \delta_3 \\ 4 & if & \delta_3 \leqslant y_i^* < \delta_4 \\ 5 & if & \delta_4 \leqslant y_i^* < \delta_5 \\ 6 & if & \delta_5 \leqslant y_i^* < \delta_6 \end{cases} \tag{2}$$

则有序条件概率分布分别为：

$$\Pr\left(y_i = 1 \middle| x_i\right) = \Phi(\delta_1 - \sum_{i=1}^{n} \beta_i x_i) \tag{3}$$

$$\Pr\left(y_i = 2 \middle| x_i\right) = \Phi(\delta_2 - \sum_{i=1}^{n} \beta_i x_i) - \Phi(\delta_1 - \sum_{i=1}^{n} \beta_i x_i) \tag{4}$$

$$\Pr\left(y_i = 3 \middle| x_i\right) = \Phi(\delta_3 - \sum_{i=1}^{n} \beta_i x_i) - \Phi(\delta_2 - \sum_{i=1}^{n} \beta_i x_i) \tag{5}$$

$$\Pr\left(y_i = 4 \middle| x_i\right) = \Phi(\delta_4 - \sum_{i=1}^{n} \beta_i x_i) - \Phi(\delta_3 - \sum_{i=1}^{n} \beta_i x_i) \tag{6}$$

$$\Pr\left(y_i = 5 \middle| x_i\right) = \Phi(\delta_5 - \sum_{i=1}^{n} \beta_i x_i) - \Phi(\delta_4 - \sum_{i=1}^{n} \beta_i x_i) \tag{7}$$

$$\Pr\left(y_i = 6 | x_i\right) = \Phi(\delta_6 - \sum_{i=1}^{n}\beta_i x_i) - \Phi(\delta_5 - \sum_{i=1}^{n}\beta_i x_i) \qquad (8)$$

运用调查数据，通过条件概率分布函数计算出阈值，进而根据公式（1）最终计算出各个影响因素的作用程度，根据公式（3）至公式（8）计算出农村居民对不同类型文化产品消费意愿的概率。

6.1.2 变量说明

农村居民选择消费文化产品的种类和数量是农村居民在个体特征、市场供给、政府供给和社区环境的约束下做出的行为决策结果。因此，本研究在相关研究文献综述的情况下，借鉴前人的研究成果，选取农村居民个体特征变量、社会资本变量、市场供给变量、政府供给变量、村庄环境变量作为 Ordered Probit 模型的解释变量。

（1）农村居民个体特征变量

选取性别（x_1）、年龄（x_2）、受教育程度（x_3）、收入（x_4）、健康状况（x_5）、闲暇时间（x_6）作为表征农村居民个体特征变量的指标。一般来讲，由于文化产品的种类丰富，可以满足不同性别和年龄的要求，因此性别和年龄对文化产品消费意愿的影响方向难以确定。受教育程度与文化产品消费意愿呈现正向相关关系已经被很多人证实，这是因为支付意愿取决于产品效用，而文化产品的效用与消费者的审美能力和修养水平有关。受教育程度高的农村居民具备较高的文化鉴赏能力和素养水平，更愿意进行精神文化产品的消费（赵吉林、桂河清，2014）。收入是影响消费支付意愿的重要因素之一。根据经济学收入消费函数理论，消费支出是在一定收入约束下的函数。尽管文化产品消费属于新型消费，但它也是消费，符合经济学基本原理，受到消费者收入的限制。由前文可知，相比基本生活物质产品而言，文化产品具有需求弹性较大的属性，因此在其他条件不变的前提下，当农村居民的收入水平有所提高时，会增加对文化产品的支出（葛继红，2012）。健康状况也会影响农村居民文化产品消费意愿。身体越健康，越有时间和精力进行文化产品消费（阮荣平等，2011）。闲暇时间是农村居民进行文化产品消费的前提条件。闲暇时间越多，越愿意进行文化产品消费。

（2）社会资本变量

选取他人推荐（x_7）作为表征农村居民社会资本变量。调查表明，农村居民文化消费信息主要来源于周围人。农村居民在做出是否消费文化产品的决策时，容易受到周围人消费心理和认知的影响。一般来讲，他人推荐的文化产品会被农村居民接受，进而激发其消费愿意，因此他人推荐与文化产品消费意愿是正向相关关系。

（3）市场供给环境变量

选取价格水平（x_8）、市场供给是否完善（x_9）作为表征文化市场供给环境变量。根据微观经济消费需求理论，农村居民文化消费意愿受到价格的约束，价格是否合理直接关系到农村居民文化产品消费意愿。价格越合理，文化产品价值被合理估计，越能满足农村居民的效用水平和心理预期，农村居民就越愿意进行文化产品的消费。市场供给是否完善关系到农村文化市场的活力。完善的市场供给能为农村居民享受到类型丰富的文化产品供给营造良好的环境（钱光培，2003），从而能够激发农村居民的文化消费意愿。

（4）政府供给变量

选取政府文化产品及服务供给水平（x_{10}）表示政府供给变量。政府文化产品及服务供给水平的高低直接关系到农村居民文化消费需求。完善的基础设施建设为农村居民文化产品消费提供了便利性和更大的消费场所，健全的公共文化服务强化了农村居民的文化消费观念，进而激发了农村居民的消费意愿（向明，2015；

郑风田，刘璐琳，2008）。

（5）村庄环境变量

选取文化氛围（x_{11}）作为村庄环境变量。农村社区的文化氛围会影响农村居民的共同价值观，进而可能调整社区农村居民消费行为的公共规范。消费行为选择是农村居民在特定的社区环境条件下做出的决策。文化氛围浓厚的村庄，能够为农村居民营造良好的文化消费环境，促使该村庄的居民更愿意进行文化产品的消费。

变量的解释及赋值如表 6-1 所示。

表 6-1　变量说明及预期假设

变量名称	变量定义及赋值	平均值	标准差	预期假设
性别（x_1）	男=1，女=0	0.45	0.50	?
年龄（x_2）	被调查者的实际年龄	42.06	14.25	?
受教育程度（x_3）	被调查者的受教育年限	9.33	3.41	+
收入（x_4）	被调查者收入的对数	7.38	1.22	+
健康状况（x_5）	您的身体健康状况如何？非常差=1，比较差=2，一般=3，良好=4，非常好=5	2.44	0.96	+
闲暇时间（x_6）	您是否有充足的闲暇时间？有=1，没有=0	0.5	0.5	+
他人推荐（x_7）	您是否会消费他人推荐的文化产品？是=1，否=0	0.42	0.49	+
价格水平（x_8）	您对现有文化产品价格如何评价？合理=1，不合理=0 ①	0.53	0.50	+
市场供给完善程度（x_9）	文化产品市场供给的完善程度如何？非常不完善=1，比较不完善=2，一般=3，比较完善=4，非常完善=5	3.09	0.87	+

---

① 价格合理选项中较低和较高都被设置为不合理。

续表

变量名称	变量定义及赋值	平均值	标准差	预期假设
政府文化产品及服务供给水平（x_{10}）	您对政府文化产品及服务供给水平如何评价？ 较低=1，一般=2，较高=3	1.89	0.31	+
文化氛围（x_{11}）	您觉得现在村庄文化产品消费氛围如何？ 非常不浓厚=1，比较不浓厚=2，一般=3，比较浓厚=4，非常浓厚=5	2.95	0.90	+

注："+"代表正相关显著；"？"代表对影响的方向不明确。

6.2 农村居民不同类型文化产品消费意愿统计

　　本书数据来源于 2013 年 10 月、2014 年 12 月、2015 年 3 月和 7 月对天津市 1200 户农村居民进行的问卷调查，调查采用随机抽样方法。本次调查回收问卷 1200 份，其中有效问卷 880 份，有效率为 73.33%。调查样本中，男女比例倾向于正态分布。被调查对象大部分为初高中文化，仅有 3.07% 的被调查者未受过教育。调查人员大部分为中青年，即 45 岁以下的占比为 59.69%。被调查者家庭年收入分配不均，普遍收入水平为 10000～50000 元。农村居民不同类型文化产品消费意愿统计如表 6-2 所示。由该表可知，农村居民对不同类型文化产品消费意愿较为强烈，愿意进行文化产品消费的比例超过 83%。只有少数农村居民不愿意进行文化产品的消费，其中不愿意消费技能培训类产品的农村居民占比最高，可能是与技能培训类消费的支出较大且投资回报周期较长有关。愿意消费艺术类产品的农村居民占比最低，由此表明，农村居民有艺术产品的消费意愿，但是受到收入的限制，难以真正实现这类文化产品的消费。除此之外，可以看出网络电视和休闲娱乐类产品作为新兴文化产品受到广大农村居民的青睐。而报纸杂志和棋牌类产品的消费则因受到新兴产品的挤压日渐减少。

表 6-2　农村居民不同类型文化产品消费意愿统计分布（单位：%）

	技能培训类	报纸杂志类	网络电视类	棋牌类	艺术类	休闲娱乐类
愿意	83.31	86.34	91.74	83.64	93.93	86.85
不愿意	16.69	13.66	8.26	16.36	6.07	13.15

6.3 实证结果分析

本部分参考了吴蓓蓓、陈永福、于法稳在《中国农村观察》中发表的《基于收入分层 QUAIDS 模型的广东省城镇居民家庭食品消费行为分析》一文的收入分层方法，按照调查样本容量的 20%、60% 和 20% 将样本划分为低等收入组、中等收入组和高等收入组。利用 Stata 12.0 统计软件，采用极大似然估计方法进行估计，最终得出如下实证分析结果。

6.3.1 不同支付水平下各类型文化产品消费支付意愿的发生概率

利用公式（3）至公式（8）对农村居民消费支付意愿的概率进行估计。由图 6-1 可知，不同类型文化产品的消费意愿概率各有不同。首先，对于技能培训类产品，被调查农村居民的消费意愿占收入的 10% 及以下的比例最多，其次是收入的 10%～20%，而极少有人愿意将收入的 30% 及以上用于技能培训类产品的消费。由此可见，技能培训类文化产品的消费意愿普遍偏低，可能与其属于高投入且回报周期较长的产品有关系。在调查中发现，部分农村居民拥有实践经验比技能培训更为重要的消费心理，并反映当前技能培训市场规范性不强，培训效果不理想，这也是他们不愿意消费的原因之一。报纸杂志类产品、棋牌类产品、艺术类产品的支出情况和技能培训类产品类似。对于网络电视类产品，被调查农村居民愿意支付收入的 10%～20% 的比例较大，其次是收入的 10% 及以下，当然也有较少农村居民愿意将收入的 40%～50% 用于消费网络通信产品，这与当前网络和电话的普及率高有很大关系。调查表明，随着互联网和网络通信设备的发展，上网已经成为农村居民与外界取得联系，融入城镇化生活的主要文化产品。休闲娱乐类产品的消费意愿与网络电视类产品类似，由此可见，伴随收入水平的提高，部分农村居民偏好于休闲娱乐类产品消费，文化消费呈现出休闲型特点。

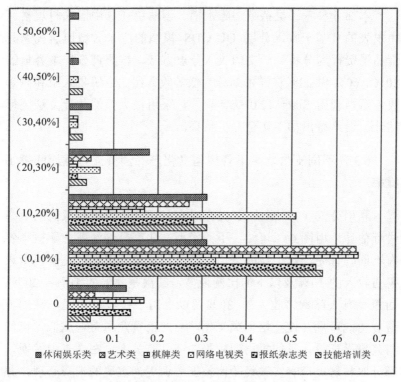

图 6-1　不同类型文化产品的消费支付意愿概率分布情况

6.3.2　不同支付水平下各类型文化产品消费支付意愿的影响因素分析

由表 6-3 可知，各组模型估计的显著性值为 0.000，表明模型估计结果具有一定的可靠性。不同类型文化产品的消费意愿影响因素各异。

表6-3　不同支付水平下各类型文化产品消费支付意愿影响因素的实证结果

	技能培训类	报纸杂志类	网络电视类	棋牌类	艺术类	休闲娱乐类
	系数	系数	系数	系数	系数	系数
x_1	0.029	−0.140	−0.210	−0.534***	0.141	−0.152
x_2	−0.012*	0.004	−0.066***	0.004	0.017**	−0.042***
x_3	0.125***	0.122***	0.056***	0.028	0.041	0.051**
x_4	0.003***	0.004***	0.001	0.003***	0.003***	0.002**
x_5	−0.371***	−0.092	−0.224**	−0.290***	−0.142	−0.318***
x_6	−0.504***	−0.071	−0.070	0.462	−0.024	−0.024
x_7	−0.373**	−0.405***	0.359**	−0.182***	0.359***	0.068
x_8	0.378**	0.613***	0.424**	0.212	0.325**	0.043
x_9	0.305***	−0.052	0.027	0.020	−0.219**	0.091
x_{10}	0.919***	0.715***	0.436	0.883***	0.338	0.357
x_{11}	−0.304***	−0.305***	−0.076	−0.180***	−0.025	−0.348***
Log likelihood	−586.854	−581.716	−610.069	−559.099	−532.286	−833.510
LR chi2(11)	123.710	83.250	192.400	64.760	33.390	165.370
Prob>χ^2	0.000	0.000	0.000	0.000	0.000	0.000

注："*""**"和"***"分别表示10%、5%和1%的显著性水平。

（1）农村居民个体特征变量

性别（x_1）对农村居民消费棋牌类产品的意愿有显著负向影响，但对其他类型产品的消费意愿影响不大。实地调查表明，女性因长期在家，为打发时间，三五成群进行棋牌类产品的消费现象较为普遍。年龄（x_2）对技能培训类、网络电视类和休闲娱乐类产品的消费意愿有显著负向影响，而对艺术类产品消费意愿有显著正向影响。技能培训类、网络电视类和休闲娱乐类产品更容易被青年人所接受，而艺术类产品则容易被老年人接受。这是由不同年龄特征的文化消费偏好所决定的。年轻人更愿意选择提高技能类和新潮的消费品（李蕊，2014）。受教育程度（x_3）对技能培训类、报纸杂志类、网络电视类和休闲娱乐类产品的消费意愿有显著正向影响。这与假设一致，文化消费类产品属于精神层面的产品，受教育程度越高，对文化类产品的消费越重视，受教育程度与这类产品消费呈显著正相关（向明，2015）。收入（x_4）除了对网络电视类产品消费意愿影响不显著外，对其他类型产品的消费意愿有显著正向影响。从某种程度上来讲，网络电视类的产品已经基本具备生活必需品的性质，因此收入对其的影响并不大，但是对于其他类型的文化产品的消费意愿影响显著，即收入越高，越愿意进行文化产品消费，与预期假设一致。这也验证了葛继红（2012）、向明（2015）等人关于收入与文化消费关系的部分观点，收入的提高能够提升农村居民文化消费的支付能力，有效促进文化消费。健康状况（x_5）对技能培训类、网络电视类、棋牌类和休闲娱乐类产品的消费意愿有显著的负向影响，与预期假设不一致。可能的原因是文化产品的消费具有缓解身心疲劳和填补生活空虚的作用，健康状况差的农村居民为缓解身体不适转而进行文化产品消费，以更好调节身心。闲暇时间（x_6）仅对技能培训类产品的消费意愿有显著负向影响。闲暇时间越充足，越不愿意进行技能培训类产品的消费，与预期假设不一致。调查发现，部分农村居民愿意利用闲暇时间进行其他兼职业务来增加收入，且技能培训类产品的价格较高，抑制了农村居民的消费欲望。这可能是导致闲暇时间与技能培训类产品的消费意愿成反比的原因。

（2）社会资本变量

社会资本用他人推荐（x_7）表征。他人推荐（x_7）对除休闲娱乐类以外产品的消费意愿有显著负向影响。也就是说，他人推荐并没有激发农村居民对文化产品的购买欲望，而是限制了农村居民文化产品的消费意愿，这与假设不一致，可能是由当前信任普遍缺失和传销等形式的诈骗盛行导致的。

（3）市场供给环境变量

价格水平（x_8）对除棋牌类和休闲娱乐类以外产品的消费意愿有显著正向影响。价格越合理，农村居民越愿意进行文化产品消费，与预期一致。价格高低直接影响消费者的购买力和市场供给者的积极性（李钒，孙林霞，2013），合理制订文化产品的价格是文化市场需要解决的重要问题。市场供给（x_9）对技能培训类和艺术类产品消费意愿有显著影响。市场供给越完善，农村居民越愿意进行技能培训类产品的消费，这与当前技能培训类产品供给鱼龙混杂、农村文化产品市场监管薄弱有密切关系，完善的供给可以减少农村居民消费的心理负担，选择自己感兴趣的技能培训项目。而在完善的市场供给环境下，农村居民对艺术类产品消费的积极性却不高，可能的原因是完善的市场供给导致多种艺术类的替代品出现，而艺术类产品因其需要较高的思想觉悟和文化素养使得部分农村居民望而却步。

（4）政府供给变量

政府文化产品及服务的供给水平（x_{10}）对技能培训类、报纸杂志类和棋牌类产品的消费意愿有显著正向影响。健全的文化基础设施建设为农村居民提供了良好的文化消费场所，完善的农村公共文化服务体系为文化消费创造了良好的条件，能够激发农村居民文化产品的消费意愿，这与预期假设一致。较高的政府文化产品及服务供给水平为农村居民进行文化消费提供了优质的软硬件条件，有助于提高其文化消费意愿，而且这种正向激励效应在技能培训类、报纸杂志类和棋牌类产品的消费上表现得更加明显。由此可见，增加技能培训类产品的供给、建立农村居民的休闲书屋和休息室是刺激农村居民文化消费需求的重要途径。

（5）村庄环境变量

文化氛围（x_{11}）对技能培训类、报纸杂志类、棋牌类和休闲娱乐类产品消费意愿有显著的负向影响，这与预期不一致。文化氛围在一定程度上代表了社区层面的公共文化生活的开展程度。丰富的文化生活为农村居民提供了便利，农村居民更愿意用较低的成本进行文化产品消费，因此良好的文化氛围会降低农村居民对技能培训类等可由社区层面提供的文化产品的消费意愿。在良好的文化氛围环境中，农村居民文化生活挤占了其他文化产品，尤其是休闲娱乐类产品的消费时间。与此同时，对于具有"俱乐部产品"属性的技能培训类产品、报纸杂志类产品和棋牌类产品而言，良好的文化氛围可能会造成部分农村居民的搭便车心理，减少了农村居民的文化消费支出。

6.3.3 不同收入组的各类型文化产品消费支付意愿影响因素比较

表 6-4 显示了不同收入分层下的农村居民关于不同类型文化产品消费意愿的估计结果，且结果通过了显著性检验，具有一定的可靠性。由表 6-4 可知，不同收入分组下农村居民对不同类型文化产品消费意愿的影响因素情况各异。总体来看，大部分影响因素对中等收入组农村居民消费意愿有显著影响，由此可见，当农村居民处于低等收入水平时，其文化产品消费支付意愿并不明显，文化产品消费对收入弹性较为敏感。对低等收入农村居民进行补贴，有助于激发其文化产品的消费支付意愿。

表 6-4　不同收入组的各类型文化产品支付消费意愿影响因素估计结果

	技能培训类			报纸杂志类			网络电视类		
	低等收入组	中等收入组	高等收入组	低等收入组	中等收入组	高等收入组	低等收入组	中等收入组	高等收入组
	系数	系数	系数	系数	系数	系数	系数	系数	系数
x_1	-0.303	0.068	0.536	-0.635	-0.011	0.220	0.229	-0.306	0.193
x_2	0.006	-0.005	0.018	0.004	0.016*	-0.008	-0.018	-0.071***	-0.049**
x_3	-0.002	0.120***	0.190***	0.056	0.165***	0.109*	0.050	0.055	0.002
x_4	0.001	0.001***	0.001	-0.004	0.001**	0.001	0.001	0.001***	0.001
x_5	-0.428**	-0.497***	0.273	-0.171	-0.076	0.130	-0.165	-0.285**	0.326
x_6	-0.272	-0.511**	-0.976**	-0.050	0.236	-0.878**	0.299	-0.069	-0.439
x_7	-0.809	-0.521**	0.191	0.054	-0.605***	-0.472	-0.357	0.419*	0.554
x_8	-0.064	0.543**	-0.112	0.615	0.485**	0.916**	0.524	0.287	-0.157
x_9	0.828	0.392***	0.319	-0.217	-0.122	0.442	0.313	0.250*	-0.033
x_{10}	0.850***	1.032***	0.538	0.905	0.996***	-0.230*	0.240	0.776**	-0.647
x_{11}	-0.494**	-0.175	-0.686**	-0.208	-0.377***	-0.360	-0.253	0.127	-0.580**
x_1	-0.276	-0.357	-0.918**	-0.662	0.361	0.500	-0.191	0.015	-0.327
x_2	0.027	0.006	0.010	0.011	0.029***	-0.016	-0.009	-0.034***	-0.039**
x_3	-0.029	-0.019	-0.006	-0.058	0.031	-0.001	-0.032	0.059	-0.045
x_4	0.001	0.002***	0.002**	0.002	0.001	0.001*	0.001	0.001***	0.001
x_5	-0.870***	-0.263**	0.328	-0.535**	-0.205	0.407*	-0.384**	-0.149	-0.316
x_6	-0.077	0.637***	0.284	-0.747	0.321	-0.616	-0.428	0.203	0.068
x_7	-0.282	-0.027	-0.993**	0.226	0.383*	0.377	0.145	-0.195	-0.097
x_8	-0.297	0.168	0.019	-0.054	0.402*	0.386	0.405	0.070	-1.349***
x_9	0.443	0.118	-0.078	-0.480*	-0.082	-0.289	0.475**	0.284**	0.082
x_{10}	1.029	0.801**	1.612**	-0.270	0.526	1.505*	0.257	0.316	0.003
x_{11}	-0.405	-0.148	-0.187	0.167	-0.157	0.040	-0.505**	-0.366***	-0.571**

注："*""**"和"***"分别表示10%、5%和1%的显著性水平。

（1）农村居民个体特征变量

性别（x_1）对高收入组农村居民棋牌类支付意愿的影响更为显著，而对其他收入层次文化产品消费支付意愿并无影响。年龄（x_2）对中等收入组农村居民支付报纸杂志类和艺术类产品的意愿有显著正向影响，对中等收入组农村居民消费网络电视类和休闲娱乐类产品的意愿有显著负向影响。中等收入阶层的年龄差异导致对不同类型文化产品的需求偏好有所不同，文化消费呈现分众化趋势［王家新等，2007；森塔斯和爱威尔兹（Sintas and Álvarez），2002］。受教育程度（x_3）与中等收入和高等收入组农村居民消费技能培训类和报纸杂志类的意愿呈显著正相关。中高等收入组由于受教育水平较高，对部分文化产品及服务的鉴别、欣赏能力较强（刘晓红，2012），受教育程度在中高等收入组的正向消费激励作用更为突出。收入（x_4）对中等收入组农村居民的技能培训类、报纸杂志类、网络电视类、棋牌类、休闲娱乐类产品消费意愿影响效果显著，对高等收入组农村居民艺术类产品的消费意愿进行显著性检验，显示方向为正。由此表明，当农村居民收入达到一定水平，尤其是较高收入水平时，农村居民文艺类产品的消费意愿开始增强，验证了葛继红（2012）"收入对文化消费影响具有一定门槛效应""只有农民收入到达一定水平之后，收入提高才能促进农民文化消费的提高"的观点。健康状况（x_5）对低等收入组和中等收入组农村居民技能培训类和棋牌类的消费意愿有显著负向影响，对中等收入组居民网络电视类的消费意愿有显著负向影响，对高等收入组农村居民艺术和休闲娱乐类产品的消费意愿有显著负向影响。由此表明在收入较低时，农村居民消费意愿受到健康水平的影响较大，身体健康的农户通过其他形式的劳动来增加收入，收入较高时，对艺术和休闲娱乐类产品的支付意愿更为强烈。闲暇时间（x_6）对中高等收入组技能培训类和高等收入群体报纸杂志类的消费意愿有显著正向影响，对中等收入群体棋牌类消费意愿有显著正向影响。闲暇时间充足且收入较高的农村居民愿意进行技能培训类、棋牌类和报纸杂志类产品的消费。

（2）社会资本变量

社会资本（x_7）对中等收入组农村居民技能培训类、报纸杂志类、网络电视类以及高等收入组棋牌类消费意愿有显著负向影响，而对中等收入组艺术类产品的消费意愿有显著正向影响。由此表明，中高等收入人群棋牌类、技能培训类、报纸杂志类、网络电视类的消费意愿不易受到他人影响，可能是由高等收入群体处于分散的原子化状态，缺少文化认同，信任日益解体导致的（张良，2010）。而对于艺术类产品，中等收入群体的消费支出习惯则容易受到他人推荐的影响。

（3）市场供给环境变量

价格水平（x_8）对中等收入组技能培训类和中高等收入组报纸杂志类及中等收入组群体艺术类消费意愿有显著正向影响，对高等收入组休闲娱乐类消费意愿有显著负向影响，由此表明，价格合理是中高等收入者在购买技能培训和报纸杂志类产品时所期望和追求的。高等收入人群对于休闲娱乐类产品的文化消费习惯不同于中低等收入文化消费群体，他们更倾向于追逐品质和用户体验，追求文化价值认同与自我文化选择，重视个性化服务（私人定制），而对价格水平是否合理要求不高（胡雅蓓，张为付，2014）。市场供给（x_9）对中等收入组技能培训类、网络电视类、休闲娱乐类产品的消费意愿有显著正向影响，而对低等收入组艺术类产品消费有显著负向影响。由此可见，完善的市场供给能够为消费者提供良好的购买环境，有利于激发中等收入群体对技能培训、网络电视和休闲娱乐类产品的购买欲望，而对低收入组群体来说，其在消费艺术产品时更希望通过政府补贴的形式来实现。因此，政府可以尝试推出符合低等收入群体的文化消费偏好的文化惠民政策。

（4）政府供给变量

政府文化产品及服务的供给水平（x_{10}）对中低收入组群体技能培训类、中等收入组群体报纸杂志类和网络电视类，以及中高收入组棋牌类和高等收入组群体艺术类的消费有显著正向影响。由此表明，政府对技能培训类等的供给水平会对低收入人群产生较强的影响，由政府出面加强技能培训类产品或服务的供给显得十分必要。技能培训类产品具有一定的公益性质，需要政府投入增加其正的溢出效应，技能培训类供给水平的改善最终会使低收入农村居民获益[伯劳格（Blaug），2001]。

（5）村庄环境变量

文化氛围（x_{11}）对低等收入组农村居民和高等收入组农村居民技能培训类，对中等收入组报纸杂志类，对高等收入组农村居民网络电视类，对全样本收入组农村居民休闲娱乐类产品消费意愿有显著负向影响。这是由于良好的文化氛围为农村居民提供了一定的免费或优惠的公共服务，在自利原则驱使下，导致了他们"搭便车"的消费心理（胡雅蓓，张为付，2014），降低了农村居民文化产品的消费诉求。

6.4 结论

本部分运用 Ordered Probit 模型，考察低中高收入组农村居民文化艺术产品消费意愿的影响因素差异，研究结果表明，农村居民个体特征变量、社会资本变量、市场供给环境变量、政府供给变量、村庄环境变量对不同类型文化产品消费意愿有显著影响，但对不同类型产品的作用方向不一。只有当收入达到一定程度时，这些因素对农村居民消费意愿的影响才会更为显著，文化产品消费对收入具有一定的门槛效应。并且对于低收入人群来说，政府可以通过增加技能培训服务、建立艺术鉴赏场所、建立博物馆和提供补贴等方式来激发农村居民的文化消费欲望。中等收入农村居民是各类文化消费的主体，政府和市场要多多关注中等收入群体对不同类型文化产品的消费偏好。高等收入群体在文化消费中表现出个性化的特点和趋势，在文化产品的供给中通过创新文化产品及服务等方式来满足高等收入群体的消费需求。

7 农村居民不同类型文化产品消费满意度分析
——基于市场供给和政府供给双重视角

随着新型城镇化建设的深入发展，农村居民生活水平日益提高，居民消费的特点逐步转变，农村居民文化消费需求开始升温，对文化生活的要求越来越高。党的十六大高度重视农村居民文化建设，将拉动和提高农村文化消费的质量作为提高居民生活质量和实现小康社会的重要组成部分。2016年政府工作报告提出"构建现代文化服务体系，丰富精神生活"的供给侧改革号召，明确了拉动文化消费的具体做法，就是"从提高供给质量出发，用改革的办法推进结构调整，扩大有效供给，更好地满足广大人民群众的需要"。推进文化领域，尤其是农村地区文化领域的供给侧结构性改革，成为以习近平同志为核心的党中央治国理政的重要战略之一。实践中，尽管农村文化供给服务的完善取得了一定的成效，但在农村文化产品供给侧改革推进过程中，供给的结构升级严重滞后于消费变化，供给侧改革仍然困难重重。一方面，文化市场体系不健全，文化产品的市场化程度不高，市场供给形式单一、规范性较差、高品质产品和服务的有效供给不足。另一方面，政府供给难以满足农村居民的基本需求，文化基础设施资源闲置浪费严重，公共文化服务体系尚未完善。市场和政府的双重失灵导致文化产品供给和需求匹配脱节，最突出的矛盾是忽视农民的真实需求意愿，造成农村居民普遍接受和满意的农村文化产品供给相对匮乏，限制了消费的持续扩大和升级。因此，如何破解农村居民文化消费供需的结构性矛盾，优化文化产品的供给环境，提高供给效率和质量，推进农村居民文化产品供给侧结构性改革，更好地满足农村居民文化产品需求，释放农村居民文化消费潜力，增加农民福利，是社会主义小康社会建设过程中面临的重要现实问题。

理论上，农村居民是文化产品的消费主体，其对文化产品的消费满意度是衡量新农村文化产品供给改革成效的重要参照。文化产品消费满意度是指农村居民对自身需求已被满足感受和程度的评价，取决于农村居民在心理上对此产品（或服务）所能达到功效的主观认识，其认识程度和评价受到供给环境和自身禀赋的影响。部分学者运用顾客满意度理论，较多使用李克特（Likert）量表法，利用个体满意度数据，对居民公共文化服务或设施供给满意度进行分析。解学芳（2011）的研究表明，公共文化产品的供给满意度受到性别、收入、受教育程度的显著影响。陈海波、朱华丽（2014）利用 1350 份调查问卷数据考察了全国不同省份居民对文化消费的满意度及影响因素，分析得出：文化消费满意度受到居民年龄、收入、文化产品价格、文化场所距离和业余时间的影响。周长城、叶闽慎（2015）利用湖北省农村文化建设调查数据，通过定量分析得出性别，文化程度，是否有老年活动中心、图书馆、娱乐室对居民文化消费满意度影响显著。现有文献研究多是从个体特征或政府供给来考察文化产品供给的满意度，为本部分的研究提供了重要的借鉴和思路启发，但大部分文献研究对象集中在全国居民，鲜有相关研究专门分析农村居民文化产品消费满意度问题，尚未回答农村居民对现有文化产品消费满意度如何、与哪些因素相关的问题，对城镇化建设背景下市场供给和政府供给双重视角的满意度评价更是缺乏深层分析。农村作为文化消费的新兴市场，农村居民作为文化产品消费的重要主体，其满意度评价长期被忽视，这可能是造成农村居民文化产品供需不匹配的原因之一。本质上，农村居民文化产品消费满意度是政府供给和市场供给双重作用的结果，因此，明确政府与市场的供给侧重点，关注农村居民文化产品消费满意情况，是完善农村文化产品供给机制，解决供需矛盾的当务之急。

基于以上背景，本部分试图在综合上述研究成果的基础上，运用 Ordered Probit 模型，从市场供给和政府供给双重角度对农村居民文化产品消费满意度及其影响因素进行深入研究，试图为构建满足农村居民消费需求的供给机制，推动文化产品供给侧改革提供理论和实证参考。

7.1 研究方法、变量拣选及描述性统计

7.1.1 研究方法

相比传统的 probit 或 Logit 模型，Ordered Probit 模型能够识别不同次序的被解释变量，有效避免极大似然估计值被低估的问题[格林（Greene），2000]。本书采用李克特量表法，将农村居民对不同类型文化产品消费的满意度划分为非常满意（=5）、满意（=4）、一般（=3）、不满意（=2）、非常不满意（=1）5 个等级。该数据属于次序数据,可以采用多分类离散选择模型中的 Ordered Probit 模型来估计。该模型假设农村居民文化产品消费满意度 Y 在（1、2、3$\cdots k$）上取值（本研究中 $k=5$），解释变量 x_1、$x_2 \cdots x_i$ 为一组满意度影响因素变量，为解决离散变量异方差的问题，要将其转化为连续变量 Y^*。因此，假设存在一个无法直接测量的潜在变量 Y^*（称为决策变量），它是解释变量 x_i 的连续函数，它与解释变量 x_i 之间具有如下线性关系：

$$Y^* = \beta_0 + \beta_1 X_1 + \beta_2 X_2 + \cdots + \beta_i X_i = \beta' x + \varepsilon \qquad (1)$$

该方程即为 Ordered Probit 模型的表达式，其中 ε 是随机扰动项，β' 为待估系数矩阵，衡量的是不同影响因素对供给满意度的影响程度。由于 Y^* 无法直接测量，所以它必须借由可观测到的 y 来测量，设 $\delta_1 < \delta_2 \cdots < \delta_{k-1}$ 表示未知的阈值参数，因满意度为 5 分类变量，所以存在 4 个阈值参数 δ_1、δ_2、δ_3、δ_4，且满足 $\delta_1 < \delta_2 < \delta_3 < \delta_4$ 的条件。则 Y 与 Y^* 的关系如下：

$$\begin{cases} Y = 1, & \text{如果} Y^* \leq \delta_1 \\ Y = 2, & \text{如果} \delta_1 \leq Y^* \leq \delta_2 \\ Y = 3, & \text{如果} \delta_2 \leq Y^* \leq \delta_3 \\ Y = 4, & \text{如果} \delta_3 \leq Y^* \leq \delta_4 \\ Y = 5, & \text{如果} Y^* \geq \delta_4 \end{cases} \qquad (2)$$

7.1.2 变量拣选及预期假设

现实中，农村居民对文化产品消费满意度会受各种不同因素的影响，这不仅取决于农村居民自身的一些内在因素，还取决于市场供给和政府供给不同因素的影响。根据现有研究成果和农村文化市场现状，在进行相关文献拣选和梳理的基础上，确定农村居民文化产品消费满意度的影响因素。

（1）农村居民个体特征变量

拣选性别、年龄、受教育程度和文化消费偏好来表征农村居民的个体特征。心理学研究表明，性别和年龄对农村居民消费满意度影响的原因比较复杂，且方向不明晰，不同年龄段的农村居民因文化消费需求意愿差异导致评价差异（朱玉春，唐娟莉，2010）。青年人热衷于文化消费，但囿于工作繁忙，享受文化消费的意愿受到一定程度上的限制；老年人虽然收入不高，但无工作缠身，更愿享受公共文化服务；中年人迫于生活压力，很少进行文化消费。这种意愿的差异会使其产生不同的消费满意度评价。受教育程度与文化产品消费满意度的关系一般表现为文化程度越高，满意度评价越高。较高文化程度的居民因能理解文化产品各方面的不足而更容易获得满足（李世玲，2008）。文化消费偏好用文化消费占消费支出的比例来表示，考察的是农村居民日常文化消费的倾向程度。偏好文化性产品消费的农村居民积累了较高的文化资本，这种资本的累加性产生文化产品消费的正效用，即来自消费过程的正面反馈致使农村居民形成稳定的消费偏好（高莉莉，顾江，2014）。因此，文化消费偏好高对农村居民对文化艺术产品消费满意度也具有正向影响作用。

（2）市场供给变量

用文化产品价格评价、文化产品内容、产品多样性、市场监管规范性来表征市场环境变量。市场是农村居民获得文化产品的主要途径之一。市场资源配置方式的差异创造了不同的市场环境，进而影响了农户文化产品的消费满意度。市场环境体系主要由文化产品的内容、价格、产品多样性和市场监管组成。文化产品价格评价主要是针对农村产品的价格高低进行评价，一般来讲，认为产品价格高的农村居民供给满意度低。产品价格是产品价值和资源合理配置的重要表征（刘晓红，2015），价格水平过高表明文化产品的价值被高估，导致农村居民失去购买欲望，难以满足农村居民的消费效用。文化产品内容重点衡量当前农村文化产品是否能够满足农民预期。满足农户预期的文化产品内容更容易被农户所接受，提高农户消费满意度水平。产品多样性表明了文化产品市场的丰富程度（陈海波，朱华丽，2014），不同属性的产品越多样，表明当地文化产业的发展越均衡，越能够满足农村居民个性化的需求（刘晓红，2013），提高其满意度水平。市场监管是否规范直接决定了文化产品市场体系的监督力度和消费环境，市场监管越规范，表明消费环境越好，农户购买效用也能够得到满足，满意度也会提高。

（3）政府供给变量

部分文化产品的生产和消费具有很强的外部性，同时文化产品中有大量具有一定公共物品性质的产品，需要由政府供给来进行补充。因此，本研究选取政府文化基础设施供给规模、公共文化服务质量、文化管理机制健全程度来表征政府供给变量。基础设施是进行文化活动的重要载体，充足的公共文化设施供给能显著改善农民的福利状况（阮荣平，2011），提高农民满意度（樊丽明等，2008）。公共文化服务是农村居民文化消费的重要保障，在农村居民文化资本积累和培育方面发挥着重要作用（黄威，2017）。服务质量是农村居民关心的主要问题，质量高低直接关系农村居民文化资本的积累和培育程度，进而影响其参与文化产品消费的热情（孙政，吴理财，2013）。公共文化服务质量越高，农户越满意。文化管理机制是否健全对农村居民满意度产生一定影响（唐娟莉等，2010）。健全的文化管理机制为农村居民文化消费提供了完善的制度支撑，满足了农村居民文化消费需求，提高了文化消费的满意度体验。

因此，根据以上分析及解释，变量拣选及预期假设如表 7-1 所示。

表 7-1　变量赋值说明及预期假设 （N=880）

	变量名称	变量说明及赋值	平均值	标准差	预期假设
个体特征	性别	男=1，女=0	0.45	0.50	？
	年龄	根据实际年龄作答	41.67	14.01	？
	受教育程度	根据实际受教育程度填写	9.22	3.42	+
	消费偏好	根据文化消费支出占总消费支出的比值计算	0.19	0.19	+
市场供给	价格评价	对现有产品的价格评价如何？较低=1 价位适中=2 较高=3	1.99	0.87	－

	变量名称	变量说明及赋值	平均值	标准差	预期假设
	产品内容	市场供给产品是否具有特色？是=1，否=0	0.60	0.49	+
	产品多样性	市场供给产品是否多样？是=1，否=2	0.67	0.47	+
	市场监管规范性	市场监管是否规范？是=1，否=0	0.38	0.48	+
政府供给	基础设施供给规模	文化基础设施供给是否充足？是=1，否=0	0.81	0.39	+
	公共文化服务质量	公共文化服务质量如何？非常劣质=1，较劣质=2，一般=3，较优质=4，非常优质=5	3.06	0.90	+
	文化管理机制健全程度	文化管理机制是否健全？非常不健全=1，较不健全=2，一般=3，较为健全=4，非常健全=5	2.90	0.93	+

注："+"代表正相关显著；"-"代表负相关显著；"？"代表对影响的方向不明确。

7.1.3 描述性统计

本研究的数据来源于天津市 1200 户农村居民的问卷调查，调查采用随机抽样方法进行。本次调查回收问卷 1200 份，剔除无效值和异常值，纳入本研究的有效问卷为 880 份。由统计结果可知，农村居民技能培训类、报纸杂志类、网络电视类、棋牌类、艺术类、休闲娱乐类产品的文化消费满意度平均值分别为：1.53、1.9、2.24、1.75、2.44、2.10。由此可见，农村居民对不同类型文化产品消费满意度普遍较低，对技能培训类产品的消费满意度评价最低。这表明，文化供给与居民日益增长的文化消费需求之间的矛盾依然突出，技能培训类产品表现得尤为明显。在市场供给方面，农村居民认为现有文化产品内容与预期水平相差较远；价格处于一般水平；市场供给的产品类型相对较多；市场监管的规范性不强。在政府供给方面，文化基础设施供给比较充足，但公共文化服务质量一般，文化管理机制不太健全，尚不能完全满足农村居民的需求。重视农户满意度评价，充分识别影响消费的因素，从市场和政府供给两方面推动农村地区文化产品供给侧结构性改革迫在眉睫。

7.2 实证结果分析

使用统计软件 STATA 12.0，采用 Ordered Probit 模型，运用极大似然估计方法对样本进行估计。最终得到的估计结果如表7-2 所示。由统计结果指标可知，每个模型的显著性都处于 1% 的水平，表明模型估计的结果具有很强的可靠性。具体变量解释如下。

表 7-2　农村居民文化产品消费满意度影响因素的实证结果（N=880）

		技能培训类	报纸杂志类	网络电视类	棋牌类	艺术类	休闲娱乐类
		系数	系数	系数	系数	系数	系数
农村居民个体特征	性别	0.075	0.080	0.112	-.0719	0.074	0.199
	年龄	-0.005	0.001	-.015***	0.002	0.007**	-0.013***
	受教育程度	0.008	0.030**	0.022	0.020	0.002	0.001
	消费偏好	0.377	0.181	0.6879***	0.303	0.063	0.99***
市场供给变量	价格评价	-0.27***	-0.33***	-0.18***	-0.232***	-0.196***	-0.23***
	产品内容	0.433***	0.25**	0.16*	0.46***	0.29***	0.26***
	产品多样性	0.046	0.081	-.019	-.006	-0.102	0.041
	市场监管规范性	0.105	0.197*	0.107	0.028	0.25**	0.083
政府供给变量	基础设施供给规模	0.66***	1.10***	0.55***	0.39***	0.63***	0.58***
	公共文化服务质量	0.09*	0.045	0.09**	0.09**	0.10**	0.022
	文化管理机制健全程度	0.056	0.141***	0.038	0.008	0.008	0.033
统计指标	LR chi2(11)	103.090	185.470	101.760	75.870	86.640	113.060
	Prob> chi2	0.000	0.000	0.000	0.000	0.000	0.000
	Pseudo R2	0.054	0.088	0.044	0.035	0.036	0.050
	Log likelihood	-907.137	-960.908	-1104.932	-1057.223	-1158.609	-1064.322

注："*""**"和"***"分别表示 10%、5% 和 1% 的显著性水平。

7.2.1 农村居民个体特征变量

由表 7-2 可知，年龄与农村居民网络电视和休闲娱乐类产品消费满意度存在负相关关系，对农村居民艺术类产品消费满意度有显著正向影响，由此可见，年轻人对网络电视类和休闲娱乐类产品消费较为满意，老年人则对艺术类产品消费更为满意。这表明文化产品消费出现了年龄分层，网络电视类和休闲娱乐类产品更迎合年轻人的口味，而艺术类产品因需要较多的时间和更高的鉴赏能力，则容易满足老年人需求。受教育程度对报纸杂志类产品消费满意度有显著正向影响，而对其他类型产品消费满意度影响不大，但方向为正，这与预期假设大体一致。受教育程度高的农村居民对报纸杂志类产品有更多的包容力和理解力，其效用也容易得到满足。消费偏好对网络电视类和休闲娱乐类产品消费满意度有显著的正向影响，这与预期假设一致。根据"习惯形成"理论，消费偏好是由过去多次消费某类文化产品体验积累而成的，对于体验不同的农村居民，其满意度评价也会有所差异。网络电视类和休闲娱乐类产品的满意度评价较高，这表明农村居民在网络电视和休闲娱乐类的文化资本积累较多。

7.2.2 市场供给变量

价格评价对农村居民文化产品消费满意度有显著负向影响，也就是说，农村文化产品价格过高是导致农村居民不满意的原因之一，自发的市场供给会形成垄断的市场结构，导致部分文化产品和服务的定价过高，会损害消费者的利益，降低其满意度评价水平。文化产品内容对农村居民文化产品消费满意度有显著正向影响，说明农村居民对文化产品的内容很敏感，但调查显示农村居民对目前文化产品的评价普遍偏低，其内容难以满足农户文化消费的心理预期，导致市场供给产品与农户需求的脱离。可见，满足心理预期是提高农村居民满意度的途径之一。市场监管的规范性对各类型文化产品及服务有显著正向影响，由此表明，市场越规范，农村居民供给满意度越高。当前，农村居民消费满意度低与市场操作不规范有关，部分市场秩序较为混乱，盗版盛行、艺术品鉴赏鱼龙混杂等违法、违章经营活动时有发生。产品多样性与农户满意度关联度不高。

7.2.3 政府供给变量

文化基础设施供给对不同类型文化产品消费满意度有显著正向影响，与预期假设一致。文化基础设施的合理供给具有普遍性，对不同禀赋农村居民要求不高，进入门槛较低（赵驹等，2015），能够为农村居民带来一定的福利，满足其对文化产品的需求与渴望。公共文化服务质量对农村居民技术培训类、网络电视类、棋牌类和艺术类产品消费满意度有显著正向影响。增加技能培训类产品的宣传渠道，完善网络电视的可获得性，建立博物馆和艺术鉴赏场所成为提高消费满意度的重要途径。文化管理机制的健全程度对报纸杂志类产品的消费有显著正向影响，且对大部分类型产品的影响方向都为正，这与预期假设一致。调查表明，文化管理机制越健全，农村居民越容易形成共同的文化归属和认同感，切实享受到文化权益，增强消费满意体验。

7.3　小结

农村居民作为文化需求主体无法介入政府供给的决策过程，供需信息不匹配抑制了农村居民文化需求的满足和消费满意度的良性评价。本部分基于市场供给和政府供给的双重视角，运用 880 份微观农村居民调查数据，采用 Ordered Probit 模型，对农村居民文化产品消费满意度及其影响因素进行了实证分析。研究表明，农村居民文化产品消费满意度普遍较低。市场供给变量，如价格评价、产品内容、市场监管的规范性；政府供给变量，如文化基础设施供给、公共文化服务质量、文化管理机制健全程度，都对不同类型文化产品的消费满意度有显著影响，且作用方向不一。此外，消费满意度还受到年龄、受教育程度、消费偏好的影响。研究结果显示，有效对接农村居民文化需求，推动农村文化产品供给侧改革既要重视市场供给体系构建，又要完善政府供给机制。

8 新型城镇化背景下
农村居民文化艺术需求趋势预测

当前，全球经济下滑，市场竞争激烈，内在需求动力不足，依靠文化消费带动经济的发展成为扩大内需的新思路。中国省市文化产业发展指数（2016）表明，天津的科研环境、公共环境、文化资源得分较高，且文化消费驱动力指数增速处于全国领先水平，天津市文化消费市场呈现出巨大潜力，是拉动经济增长的重要突破口。目前，随着新型城镇化建设的推进，农村居民的文化消费热情逐渐被激发，成为文化消费的另一个主战场。因此，预测农村居民文化消费需求的发展趋势，对天津市合理制订农村文化产业规划以扩大内需具有重要意义。

本部分利用天津市 2000—2014 年农村居民文教娱乐消费支出数据，应用多元线性回归模型预测方法对未来五年内天津市农村居民文化艺术需求进行预测，为天津市制订农村文化消费发展战略规划提供决策参考。

8.1 文化艺术需求预测实证

8.1.1 多元线性回归模型

线性回归研究主要考察的是一个因变量与一个自变量之间的回归问题。但实际上，影响文化消费需求的自变量可能有很多个，为增加估计的可靠性，需要进行一个被解释变量与多个解释变量间的回归分析，即多元回归分析。多元线性回归模型的基本步骤如下：首先，构建因变量（Y）对多个自变量的多元线性回归方程；其次，通过剔除不显著变量，选择有显著影响的自变量（X_i），构建最优多元线性回归预测方程。具体表达式为：$Y=\beta_0+\sum \beta_i x_i + C$。

使用 STATA 12.0 统计软件，利用最小二乘方法，估计多元线性回归模型的参数，分别选取拟合优度检验（可决系数）、方程总体线性的显著性检验（F 检验）、变量的显著性检验（t 检验）进行统计检验，以判定估计的可靠程度。其中，可决系数用来衡量样本回归对样本观察值的拟合程度，其值越接近于 1，表明拟合程度越高。F 检验统计量判断其是否接受（或拒绝）原假设 H_0，来检验原方程的线性关系是否显著成立。t 检验是针对解释变量的显著性水平进行检验的指标，根据其绝对值是否接受（或拒绝）原假设 H_0 来判断解释变量是否应该包含在模型中。

8.1.2 数据来源及描述性统计

（1）数据来源

鉴于数据的可获得性，本部分选取 2000—2014 年的数据预测天津市农村居民文化消费需求发展趋势。由于此前尚未将文化消费纳入统计年鉴中，因此数据选取从 2000 年开始，选取学术界普遍接受的农村居民人均文教娱乐服务支出（元）来表征农村居民文化需求指标，数据来源于和讯网和 wind 数据库。

（2）描述性统计

由图 8-1 可知，2000—2014 年农村居民人均文化消费绝对值从 235.2 元增长至 1041.4 元，年度平均增长率为 12.52％，农村居民文化消费呈现快速上涨趋势。在 2008 年以前，文化产品的消费需求较为缓慢，但是到 2008 年以后，文化产品的消费需求增长趋势迅猛，金融危机后，经济的复苏和收入水平的提高带动了文化消费需求的增加。近年来，新型城镇化政策的推进更是为农村文化产品消费提供了极大的可能性。由此可见，未来一段时间内，农村居民文化消费需求呈上升趋势，农村居民文化消费将成为撬动农村消费的新的增长点。

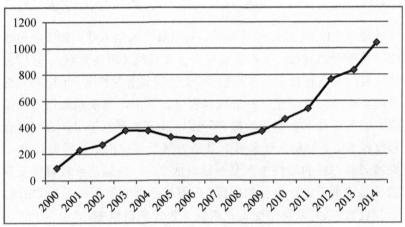

图 8-1　2000—2014 年天津市农村居民人均文化消费支出额度（单位：元）

8.1.3　文化艺术需求预测的实证结果

根据农村居民文化消费需求的相关理论，结合国内外相关文献综述，将农村居民人均文化消费支出（Y）作为被解释变量，选取农村居民人均纯收入（X_1）、文化消费产品价格指数（X_2）和文化消费偏好（X_3）①作为解释变量，选取 2000—2014 年相应数据进行估计。使用 Stata 12.0 统计软件，采用最小二乘法估计方法，剔除不显著变量文化消费产品价格指数，最终得到农村居民人均文化消费需求的多元线性回归模型如下：

$$Y=0.06X_1+6953.8X_3-431.29$$

$$(R2=0.986 \quad MSE=31.637 \quad F=442.91)$$

---

① 文化消费偏好用农村居民人均文化消费支出占总支出的比重表示。

一般来讲，可决系数越接近于 1，结果越具有可靠性。统计结果表明，可决系数为 0.986，且 F 检验通过了显著性检验，系数也都通过了 t 检验，由此可见，模型的结果是可以接受的。根据该多元线性回归模型，利用 2000—2014 年的数据进行验证，得到平均误差系数为 5%，采用多元线性回归模型的平均预测精度为 95%，说明用该多元线性回归模型进行预测具有一定的可靠性。因此，利用该多元线性回归模型，可以对 2016 年、2017 年、2018 年、2019 年和 2020 年的文化消费需求进行预测，假设人均纯收入的平均增长速度为 11%，文化消费偏好的变动为 0.05[①]。最终得出 2016—2020 年这五年的文化消费需求分别为 1132.25 元、1265.99 元、1414.45 元、1579.23 元、1762.14 元。由此可知，未来五年内天津市农村居民文化消费需求仍然有一定的上涨空间，且文化消费需求呈现逐年递增的趋势，农村居民文化消费潜力巨大，文化产业市场广阔，未来可以将激发农村居民文化消费、增强文化产业建设作为扩大内需的重要手段和途径。

8.2 未来农村居民文化消费的新趋势

8.2.1 文化消费总量持续增长，消费需求呈现多元化态势

一方面，农村居民文化消费需求旺盛。随着新型城镇化的推进和农村居民文化消费水平的提高，农村居民文化消费市场的总量将呈现持续增长的趋势。根据发达国家的经验，我国"十三五"时期文化消费将出现"井喷式"爆发的局面。农村居民作为农村文化市场的消费主体，已经呈现出较大的消费潜力和需求欲望，

---

① 由于 2000—2014 年文化消费偏好的占比基本在 0.05 上下浮动，因此本部分假设近三年文化消费偏好保持在 0.05 的水平上。

农村居民文化消费成为拉动内需的新经济增长点。另一方面，受到新型城镇化生活模式和消费模式的冲击，农村居民改变了消费习惯和消费观念，不同收入分层的农村居民对文化消费产品呈现出的消费需求各异，消费需求呈现多元化趋势。网络电视类产品成为大众化的消费产品，技能培训类产品异军突起，文化休闲等产品也越来越受到农村居民青睐。随着公共文化服务体系建设的日趋完善，文化消费市场逐渐向多元化方向发展。

8.2.2 文化消费结构仍以娱乐型为主，并呈现出向发展型、智力型转变的趋势

随着我国经济的发展和人民生活水平的提高，我国居民的消费水平在不断提高，消费结构也在不断优化。由统计调查数据可知，当前农村居民文化消费的产品结构依然是以网络电视类等娱乐型的消费为主，但是随着新型城镇化进程的进一步推进和市场供给的多样化，不同年龄、不同受教育程度和不同收入水平的农村居民会出现分化，尤其是中高收入者会倾向于发展型、智力型的文化产品的消费。与此同时，个性化的文化产品会逐渐受到不同消费者的关注。调查表明，对于个人旅游休闲等产品的消费，农村居民表现出极大的热情，特别是农村居民中的高收入阶层和精英阶层对定制式的休闲娱乐产品的消费有着较强的偏好。

8.2.3 传统文化消费方式被新技术和新兴文化消费形态改变

在新技术、新观念的推动下，传统文化消费方式受到挑战，便捷式、智慧型的文化消费逐渐扩张并迅速占领市场。当前，与移动终端技术结合的文化产品，如手机出版物、电子书等，满足了农村居民尤其是青年农村居民的文化消费需求。在文化产品中应用数字交互技术，如电视点播节目、远程学习等也成为大众文化消费的主流产品。随着"宽带中国"计划的落地和互联网建设

进程的加快，互联网的迅猛发展和农村通信设备的日益完善对文化消费方式产生了极为深远的影响。与此同时，文化产品与旅游、科技等相关产业高度融合形成的新兴业态，也使得农村居民文化消费形成了多元化、多层次的发展格局，农村居民的文化消费方式越来越多样化。

8.2.4 文化产品供给逐渐向优质低价转变，消费市场日益规范

一方面，随着生活水平的提高，农村居民对于文化产品的供给提出了更高的要求，高质低价将成为农村居民文化消费供给关注的重要方面。在推进供给侧结构性改革的政策背景下，农村居民文化消费产品的供给要素不断创新，从而提高了供给质量，实现了产品供给从低劣到优质、从同质化到精品化的转变。另一方面，文化产业市场还存在假冒伪劣和鱼龙混杂等问题，为规范市场行业行为，更好地满足农村居民的文化消费需求，净化文化消费环境，逐步强化政府调控和监管力度，市场资源配置的主体思路会逐渐被应用到文化消费市场的管理中，文化消费市场日渐规范。

8.3 小结

本部分利用 2000—2014 年农村居民人均文化消费支出数据，运用多元线性回归模型对天津市农村居民文化消费需求进行预测。统计分析得出，采用多元线性回归模型的平均预测精度为 95％，从预测结果可以看出，天津市近五年内农村居民文化消费需求将有较快的增长，农村文化产业表现出良好的发展势头。未来天津市农村居民文化消费将展现出新的发展态势，文化产业市场供给日益规范，多元化、多层次的市场供给格局逐步形成。

9 结论、政策建议与研究展望

随着新型城镇化建设的推进和农村经济的发展，农村居民的收入逐渐增加，农村居民对文化生活的要求越来越高。农村居民文化消费成为扩大内需，改善农村居民生活的新的增长点。但实践调查发现，天津市农村居民文化消费投入水平较低，消费结构单一，消费动力不足，严重制约了新型城镇化建设进程中的农村文化建设和农村居民文化消费需求的满足。本研究利用计量经济模型，在总结文化消费特征的基础上，分析居民文化消费偏好，并分析其影响因素，探讨城镇化政策和收入分层对消费影响的内在机制，并基于政府供给和市场供给的双重视角对农村居民文化产品消费满意度进行评价。最后，在对未来五年内天津市农村居民文化消费需求预测的基础上，提出对策建议，为天津市农村居民文化需求的满足及供给制度的创新提供思路。

9.1 结论

本书通过一系列的文献及计量模型分析得出以下结论：

第一，基于天津市农村居民的微观调查数据，从消费规模、消费结构、消费满意度等方面对天津市农村居民文化消费现状进行分析，发现农村居民文化消费存在消费需求偏低、文化产品消费结构单一、文化基础设施供需不匹配、文化消费动力不足等问题。

第二，通过运用二次的近似理想需求系统（QUAIDS）模型估计农村居民文化产品消费需求偏好及其影响因素。实证结果表明：随着文化消费支出提高，农村居民对不同类型文化产品的偏好由强到弱依次为：休闲娱乐类＞棋牌类＞艺术类＞技能培训类＞报纸杂志类＞网络电视类。报纸杂志类、网络电视类产品的消费价格缺乏弹性；休闲娱乐类产品的消费价格弹性的绝对值接近于1；而技能培训类、艺术类、棋牌类产品消费价格富有弹性。

第三，应用倾向得分匹配方法的反事实估计考察了城镇化政策对农村居民文化消费需求意愿的影响。城镇化政策对农村居民文化产品消费需求意愿有非常显著的正向激励作用，这种正向效用主要是通过消费环境的优化来实现的，并利用稳健性检验进一步验证了该结论。

第四，运用 Ordered Probit 模型，研究中高低收入分层下农村居民文化艺术产品消费意愿的影响因素，研究结果表明，被调查农村居民愿意将收入的 10％ 以下用于技能培训类产品、报纸杂志类产品、棋牌类产品、艺术类产品的消费；愿意将收入的 10％～20％用于休闲娱乐类产品和网络电视类产品的消费。受教育程度、闲暇时间、收入、价格水平、市场供给、政府供给等因素对中等收入组的正向消费激励作用更为突出，收入对农村居民文化艺术产品消费意愿的影响具有一定的门槛效应。

第五，基于市场供给和政府供给的双重视角，运用微观农村居民调查数据对农村居民不同类型产品消费满意度进行评价。总体来看，农村居民文化产品消费满意度普遍较低。文化消费满意度受市场供给和政府供给的双重影响，这些因素主要包括价格评价、产品内容、市场监管、文化基础设施供给、公共文化服务质量、文化管理机制。

第六，利用 2000—2014 年农村居民人均文化消费支出数据，介绍并建立多元线性回归模型，对天津市 2016—2020 年的文化消费需求进行预测。预测结果表明近五年内农村居民文化消费需求将有较快的增长，农村文化产业将有较好的发展前景，预测了农村居民文化消费呈现的新趋势，为天津市文化艺术决策提供了参考依据。

9.2 新型城镇化背景下
满足农村居民文化艺术需求的政策建议

9.2.1 借助多种方式加大宣传力度，鼓励农村居民进行文化消费

农村居民文化消费是新农村文化建设的重要内容，也是新型城镇化建设的重点。农村居民是文化消费的主体和核心力量，有效激发农村居民文化消费需求，对推动农村文化市场的繁荣发展具有重要意义。因此，农村社区相关文化主管部门和主流媒体应加强对农村居民文化消费的正确引导，加强农村居民文化产品消费、鉴别、领悟等能力的培养。调查发现，农村居民文化消费的主要类型为通信网络类，因此可以借助微信平台、官方微博、互动群等多种方式进行文化消费的宣传，为农村居民文化消费营造氛围，提升农村居民文化消费的积极性和主动性。与此同时，定期组织农村居民进行文化主题活动，如借助知识选秀等农村居民喜闻乐见的方式，转变农村居民文化消费"等、要、靠"的传统观念，提高农民文化消费的主动性。

9.2.2 健全农村文化产业市场，实现文化产品供给的创新性和多元性

文化消费离不开文化产品市场这个载体。但实地调查发现，农村文化产业市场尚不成熟，部分农村虽已完成了城镇化，但是

文化产业及文化市场基础薄弱，农村居民文化消费仍然以通信类产品为主，文化消费内容和了解渠道较少、形式单一等制约了农村居民文化消费的范围与多样性，部分地区甚至出现农村居民文化消费无门的状况。因此，在城镇化建设的过程中，既要重视公共文化服务的供给，又不能忽视文化产业庞大的市场，政府要高度重视对农村文化产业市场的培育，充分参考当前城市文化产业市场的发展模式，加大农村文化产业市场的投资建设力度。例如，采用民间资本介入、引进来等方式扩大文化企业规模，通过补贴、税收优惠、审批流程优化、成果奖励等多种形式鼓励当前农村文化企业及相关部门提供创新性的产品和服务，借助"互联网+"和"文化+"的业态形式创新文化产品供给，实现文化产品供给的多元化、个性化和多层次性，为满足农村居民文化产品的消费需求提供更多选择机会。政府要高度重视文化市场的价格制定，引导文化企业对文化产品进行合理估值，制订满足农户心理需求和购买能力的合理价格；加大农村文化产品市场监管力度，特别要关注文化企业价格定制、内容提供等方面的信息化监管平台建设，有效制止盗版盛行和假货泛滥的市场乱象，保证文化产业市场的规范性，实现文化资源的合理配置。

9.2.3 完善基础设施建设，建立需求导向型的农村公共文化服务供给机制

文化消费水平的提高离不开便利和健全的文化基础设施。完善农村文化基础设施及其配套建设，对农村居民文化消费具有促进作用。因此，要借助政府投资和 PPP 等多种途径进一步加大文化基础设施和配套建设力度，为拉动农村居民文化消费需求提供优质的软硬件环境。目前，政府相关部门推出"农家书屋""艺术下乡""文化下乡""科技下乡"、影视宣传、图书馆、微信平台等多种形式的文化基础设施及配套服务。但是如前文所述，农村居

民文化消费需求呈现出多样化、个体化的特点，文化设施建设和公共文化服务供给难以完全满足农村居民文化消费需求，存在供给和需求脱节的现象。因此，政府部门要充分尊重农村居民的文化需求表达权利，建立农村居民有效参与的需求导向型的农村公共文化服务供给机制，增加技能培训的宣传渠道，扩大农村地区网络、卫星、通信等技术覆盖范围，建立博物馆和艺术鉴赏场所，以更好地满足农村居民文化需求，提高文化服务供给效率，增强农村居民文化消费的信心。探索将基础设施建设和公共文化服务机制建设纳入政府政绩考核指标体系的政绩考核办法，从政府层面加快公共文化服务机制建设。

9.2.4 加快新型城镇化质量建设进程，提高农村居民收入水平

新型城镇化是提高农村居民生活质量、扩大内需的重要战略决策。城镇化建设并不仅仅是单纯地将农村居民的帽子摘掉，换上城市居民的帽子，而是要真正实现从软硬件上满足农村居民的需求，使得农村居民享受城镇居民的待遇。因此，只有提高城镇化的内在质量，才能有效提高农村居民的消费活力。由统计结果可知，城镇化政策对农村居民文化消费需求和精神世界诉求确实有很显著的正向作用，因此可以把完善城镇化建设作为农村建设的重中之重，构建以需求为主导的城镇化建设及评价体系，以提升城镇化的质量，满足广大农村居民的需求。城镇化建设的进程不断推进，也加快了当地农村产业结构调整，为"三农"建设提供更多的资金支持和政策保障，可以在促进农村经济的发展与提高农民生活水平的同时，通过土地补贴、产业转移、新型经营等途径增加农村居民的消费收入水平。由调查数据可知，收入在文化消费中存在一定的门槛效应，尤其对于中高收入者来说，这种门槛效应更为明显，收入越高的农村居民用于文化消费的支出份

额越高，因此扩大文化消费要提高农村居民的收入和文化消费支付能力，通过增加对低收入水平群体的消费补贴等政策提振其消费能力。

9.2.5 进一步完善农村居民文化消费环境的扶持政策和配套保障措施

相关部门要通过财政投入、产业扶持、人才培养、法律法规建设等一系列的政策扶持和配套保障措施的实施，消除农村居民消费的后顾之忧。积极改革财政投入方式，通过给予文化产品折扣返利等文化消费补贴形式或"国民文化消费卡工程""文化消费券"鼓励农村居民进行文化消费，提高农村居民文化艺术产品的购买力。政府部门要进一步放宽市场准入，对文化企业进行补贴或财税扶持，利用金融杠杆激励文化企业加大文化产品和服务的研发力度，为农村居民文化消费提供良好的市场供给环境。加大文化人才培养力度，高度重视对农村文化人才的引进、培养教育和挖掘工作，深挖一批本土文化达人，让更多的农村文化人才带动农村文化事业发展，为农村文化市场的繁荣和发展提供人才支撑。与此同时，针对文化市场供给鱼龙混杂、部分文化消费活动尚缺少完善的法律法规、假冒伪劣和非法文化产品等不良文化消费仍然存在的现象，应制定配套的法律法规以保障高质量的文化服务进入农村文化市场，使得文化消费得以顺利展开。

9.3 进一步研究展望

探讨新型城镇化背景下农村居民文化消费需求的相关问题，对推进新型城镇化建设，扩大内需和改善农村居民生活来讲，具有较强的现实意义。本书希望通过需求特征分析、需求偏好分析、需求影响因素分析和需求预测，了解天津市农村居民文化消费需求的现状及问题，探究城镇化和收入对文化需求影响的内在作用机制。然而，由于笔者时间和精力有限，对农村居民文化消费需求的研究还存在不足，有待进一步研究和完善。

（1）在研究样本的选择上，本书仅选择天津市东丽区、静海区、蓟州区三个区县，现实中，不同区域因其城镇化建设程度差异和农村居民文化消费偏好的差异，导致农村居民文化消费需求具有一定的异质性特征。因此，从各个区域考察农村居民文化消费需求水平的研究还有待进一步深化。比较不同区域农村居民文化消费需求差异是我们需要进一步研究的问题。

（2）在研究的内容上，农村居民文化消费内容较为广泛，本书仅选取了农村居民进行金钱消费的文化产品和服务，而随着城镇化建设，农村会出现更多的公益性、免费的文化产品和服务。其作为文化消费的一部分，也应该被纳入考察。如何测度公益性和非公益性文化产品和服务的消费需求，比较农村居民在这两类不同文化产品消费需求上的差异，构建满足农村居民文化消费需求的公共文化服务机制，是我们下一步需要研究的问题。

目前，农村文化产业市场已经获得了农村居民、企业和相关政府主体的普遍关注，了解农村居民文化消费需求显得十分必要。随着经济发展和新型城镇化的推进，以及农村居民消费需求的进一步扩大，农村居民文化消费需求的理论和实践研究将更加丰富。

参考文献

[1] Alderson A S, Junisbai A, Heacock I. Social Status and Cultural Consumption in the United States[J]. Poetics, 2007, 35(2): 191-212.

[2] Banks J, Blundell R, and Lewbel A. Quadratic Engel Curves and Consumer Demand, Review of Economics and Statistics, 1997, 79(4) : 527-539,.

[3] Blaug M. Where Are We Now on Cultural Economics[J]. Journal of Economic Surveys, 2001, 15(2): 123-143.

[4] Chan T W, Goldthorpe J H. Social Stratification and Cultural Consumption: Music in England[J]. European Sociological Review, 2007, 23(1): 1-19.

[5] Dewenter R, Westermann M. Cinema Demand in Germany[J]. Journal of Cultural Economics，2005，29(3) : 213-231.

[6] Diniz S C, Machado A F. Analysis of the Consumption of Artistic-cultural Goods and Services in Brazil [J]. Journal of Cultural Economics, 2011, 35(1):1-18.

[7] Poi B P. Dairy Policy and Consumer Welfare [J]. Three Essays in Applied Econometrics, 2002.

[8] Ray R. Measuring the Costs of Children: An Alternative Approach [J]. Journal of Public Economics, 1983, 22(1): 89-102.

[9] Sintas J L, Álvarez E G Í. The Consumption of Cultural Products: An Analysis of the Spanish Social Space[J]. Journal of

Cultural Economics, 2002, 26(2): 115-138.

[10] 陈波，耿达. 城镇化加速期我国农村文化建设：空心化、格式化与动力机制——来自27省（市、区）147个行政村的调查[J]. 中国软科学，2014，07：77-91.

[11] 陈楚洁，袁梦倩. 文化传播与农村文化治理：问题与路径——基于江苏省J市农村文化建设的实证分析[J]. 中国农村观察，2011，03：87-96.

[12] 陈海波，朱华丽. 居民文化消费满意度影响因素分析[J]. 统计与决策，2014，14：104-107.

[13] 曹俊文. 精神文化消费统计指标体系的探讨[J]. 上海统计，2002，04：42-43.

[14] 崔伟. 我国农村居民文化消费现状及对策建议[J]. 对外经贸，2013，11：50-51.

[15] 戴元光，邱宝林.当代文化消费与先进文化发展 [M]. 上海：上海人民出版社，2009.

[16] 邓敏. 新形势下我国农村文化消费的问题与对策论析[J].消费经济，2012，03：69-72.

[17] 邓田生，谭波，刘慷豪. 湖南省城镇居民收入与文化消费的协整分析[J]. 湖南医科大学学报（社会科学版），2008（11）：52-54

[18] 樊丽明，解垩，石绍宾. 基于农户视角的农村公共品供需均衡研究[J]. 当代经济科学，2008，05：56-64，125.

[19] 葛继红. 农民收入与文化消费牵扯：江苏364个样本[J]. 改革，2012，03：84-89.

[20] 高莉莉，顾江. 能力、习惯与城镇居民文化消费支出[J]. 软科学，2014，12：23-26.

[21] 关连珠.关于发展文化消费的几个问题[J].社会科学战线，2011，（6）：142-146.

[22] 管义伟. 农村社区文化建构的逻辑、主体与路径[J]. 社会主义研究，2012，05：77-81.

[23]韩冲. 杭州居民文化消费现状及宏观影响因素分析[D]. 杭州：浙江工商大学，2013.

[24] 韩海燕.中国城镇居民文化消费与经济增长关系实证研究[J].消费经济，2012，（4）：60-64.

[25] 韩美群."全面建设小康社会"的农村文化境遇[J]. 社会主义研究，2003，06：127-129.

[26] 郝鹏. 论新农村文化建设中农民的主体性作用[J]. 漯河职业技术学院学报，2011，06：73-75.

[27] 贺雪峰. 如何进行新乡村建设[J]. 甘肃理论学刊，2004（01）：23-25.

[28] 胡雅蓓，张为付. 基于供给、流通与需求的文化消费研究[J]. 南京社会科学，2014（8）：40-46.

[29]黄洁纯，邢大伟. 农村居民文化消费需求与供给调查[J]. 合作经济与科技，2013，11：10-13.

[30] 加尔布雷斯. 经济学和公共目标[M]. 北京：商务印书馆，1980：70.

[31] 江金启，郑风田，刘杰. 私性不足，公性错位：农村居民的精神文化消费现状及问题分析——基于河南省嵩县农村的调查[J]. 农业经济问题，2010，06：19-23，111.

[32]金晓彤，王天新，闫超. 中国居民文化消费对经济增长的贡献有多大？——兼论扩大文化消费的路径选择[J]. 社会科学战线，2013，08：68-74.

[33] 刘丁瑶，吴薇. 中国农村居民文化消费研究[D]. 长春：吉林大学，2013.

[34] 雷芳. 城乡统筹视角下农村文化产业的困境与出路[J]. 生产力研究，2011，09：81-83.

[35] 吕方. 我国公共文化服务需求导向转变研究[J]. 学海，2012，06：57-60.

[36] 李钒，孙林霞. 农村居民文化消费的现状及对策研究——以河南省为例[J]. 人民论坛，2013，05：160-161.

[37] 刘杰. 农村文化建设中的问题：需求与供给错位——来自 S 县的调查[J]. 消费经济，2012，04：65-68.

[38] 刘洁，陈海波，肖明珍. 基于 Panel-Data 模型的江苏城市居民文化消费的实证研究[J]. 江苏商论，2012（4）：36-39.

[39] 刘珉曳，赵华朋，陈丽芬. 陕西文化消费现状分析与发展对策[J]. 中国科技信息，2005，23：164，184.

[40] 李明宇，付艳丽. 城乡发展一体化背景下农村文化产业的功能定位及发展路径探析[J]. 江苏大学学报（社会科学版），2014，01：70-73.

[41] 李蕊. 中国居民文化消费：地区差距、结构性差异及其改进[J]. 财贸经济，2013，07：95-104.

[42] 李蕊. 中国城镇居民文化消费：现状、趋势与政策建议[J]. 消费经济，2014，06：32-38.

[43] 李钒，孙林霞. 基于 JJ 检验的农村文化消费时间序列模型分析[J]. 统计与决策，2013（7）：135-137.

[44] 李世玲，任黎秀，廖南，顾江卉，郭金海. 基于模糊评价法的景区游客满意度实证研究——以南京中山陵园风景区为例[J]. 河南科学，2008，11：1426-1430.

[45] 廖媛红. 制度因素与农村公共品的满意度研究[J]. 经济社会体制比较，2013，06：121-132.

[46] 刘淑兰，郑逸芳，韦娜. 福建农村公共文化产品供需状况的调查与分析[J]. 经济研究导刊，2011，01：45-47.

[47] 刘树燕. 我国农村文化消费发展问题探微[J]. 理论学刊，2010，04：78-80.

[48] 雷五明. 九十年代城市文化消费的特点及其影响因素的调查[J]. 消费经济，1993，03：24-25.

[49] 刘晓红. 我国农村居民文教娱乐用品及服务消费需求实证分析[J]. 兰州学刊，2010，12：73-77.

[50] 孟华，李义敏.上海城镇居民文化消费的影响因素研究[J].预测，2012，02：70-74.

[51] 马元斌，李平贵，李宝芬. 新农村建设视阈下的文化软实力塑造：困境与路径[J]. 中共中央党校学报，2011，4：110-112.

[52] 米银俊，王守忠，孙浩. 浅析《资本论》中的文化消费[J]. 地质技术经济管理，2002，03：63-66.

[53] 宁军明，张丽.我国农村居民文化消费的地区差异[J]. 消费经济，2007，01：78-80.

[54] 聂正彦，苗红川.我国城镇居民文化消费影响因素及其区域差异研究[J].西北师大学报（社会科学版），2014，05：139-144.

[55] 潘勇. 公众文化消费现状及需求调查报告——以河南为例[J]. 调研世界，2014，03：28-30.

[56] 彭真善，李靖波，曹伏良. 我国农村精神文化消费的现状及改进思路[J]. 湖南大学学报（社会科学版），2008，03：59-62.

[57] 钱光培.北京文化产业研究[M].北京：中国书店出版社，2003.

[58] 钱光培. 我国人民群众精神文化需求及精神文化产品生产现状、特点、规律与对策研究[J]. 北京社会科学，2001，02：13-17.

[59] 阮荣平，郑风田，刘力. 中国当前农村公共文化设施供给：问题识别及原因分析——基于河南嵩县的实证调查[J]. 当代经济科学，2011，01：47-55，125-126.

[60] 疏仁华. 论农村公共文化供给的缺失与对策[J]. 中国行政管理，2007，01：60-62.

[61] 孙政，吴理财. 公共文化服务刚性供给与文化需求弹性发展的矛盾及解决之道——基于 12 省 25 县（区）的公共文化服务体系问卷调查[J]. 广州公共管理评论，2013：72-94，348.

[62] 谭涛，张燕媛，唐若迪，侯雅莉. 中国农村居民家庭消费结构分析：基于 QUAIDS 模型的两阶段一致估计[J]. 中国农村经济，2014，09：17-31，56.

[63] 唐娟莉，朱玉春，刘春梅. 农村公共服务满意度及其影响因素分析——基于陕西省 32 个乡镇 67 个自然村的调研数据[J]. 当代经济科学，2010，01：110-116，128.

[64] 王莉. 河南省农村文化消费问题研究[D]. 郑州：郑州大学，2013.

[65] 王家新，黄永林，吴国生. 中国农村文化建设的现状分析与战略思考[J]. 华中师范大学学报（人文社会科学版），2007，4：101-111.

[66] 王见敏. 基于农村居民禀赋视角的农村文化建设分析——来自湖北省 A 市 L 镇的实地调查数据[J]. 中国农村观察，2012，04：76-87，95.

[67] 王俊杰. 基于面板数据的河南农村文化消费地区差异研究[J]. 经济地理，2012，01：37-40，70.

[68] 王宋涛. 收入分配对中国居民文化消费的影响研究[J]. 广东财经大学学报，2014，02：21-27.

[69] 王廷兴，陈仁铭，刘明锋. 农民呼唤文化小康——襄阳市农民文化需求调查[J]. 湖北社会科学，2004，07：140-142.

[70] 王亚南.提升文化消费与健全社会保障[J].云南社会科学，2010，（2）：86-90.

[71] 吴蓓蓓，陈永福，于法稳. 基于收入分层 QUAIDS 模型的广东省城镇居民家庭食品消费行为分析[J]. 中国农村观察，2012，4：59-69.

[72] 吴继轩，董康成. 撬动农村文化消费的三个"基本点"[J]. 人民论坛，2012，27：92-93.

[73] 吴理财，夏国锋. 农民的文化生活：兴衰与重建——以安徽省为例[J]. 中国农村观察，2007，02：62-69，81.

[74] 吴理财. 群众基本文化需求和区域，群体性差异研究——基于 20 省 80 县（区）的问卷调查[J]. 社会科学家，2014（8）：8-12.

[75] 向明. 中国农村居民文化消费研究[J]. 农业技术经济，2015，07：121-128.

[76] 肖忠意. 城镇化、农村金融深化对农村居民消费及结构的影响[J]. 统计与决策，2015，06：101-105.

[77] 解学芳. 公共文化产品供给绩效与文化消费生态研究——以上海为例[J]. 统计与信息论坛，2011，07：104-111.

[78] 运迪，李啸. 现代化视角下农村居民文化消费问题初探[J]. 社科纵横，2010，09：43-45.

[79] 袁方成，王剑虎. 社区建设中的农民：认知、意愿和公共需求——基于一项全国性的主题调查[J]. 华中师范大学学报（人文社会科学版），2009，03：19-26.

[80] 叶继红. 农民工文化需求与城市公共文化服务体系构建——来自江苏的调查与思考[J]. 中州学刊，2015，06：66-71.

[81] 游祥斌，杨薇，郭昱青. 需求视角下的农村公共文化服务体系建设研究——基于 H 省 B 市的调查[J]. 中国行政管理，2013，07：68-73.

[82] 尹世杰. 切实加强对精神文化消费的引导[J]. 消费经济，1996，06：1-5.

[83] 周长城，叶闽慎. 需求视角下农村公共文化服务满意度及决策机制研究[J]. 湖北行政学院学报，2015，06：41-45.

[84] 周春平. 文化消费对居民主观幸福感影响的实证研

究——来自江苏的证据[J]. 消费经济，2015，01：46-51.

[85] 郑风田，刘璐琳. 有机认证制度与全球农业结构调整研究综述[J]. 江西财经大学学报，2007，06：72-76.

[86] 郑风田，刘璐琳. 新农村建设中的农村文化：现状、问题与对策[J]. 中南民族大学学报（人文社会科学版），2008，28（1）：112-115.

[87] 郑风田，阮荣平. 农村居民文化福利以及文化需求分析——基于河南嵩县的实地调查[J]. 天津商业大学学报，2010，03：3-7.

[88] 张谨. 新农村建设中的文化消费问题研究——以广州市为例[J]. 前沿，2009，07：161-166.

[89] 赵吉林，桂河清. 中国家庭文化消费影响因素分析：来自 CHFS 的证据[J]. 消费经济，2014，06：25-31，54.

[90] 张金桐，刘雪梅. 河北省农村文化消费现状及其发展趋势[J]. 经济与管理，2007，08：89-91.

[91] 张继涛，李玉婷. 新农村文化建设主体辨析——基于政府、市场、社会关系视角的分析[J]. 湖北大学学报（哲学社会科学版），2011，03：94-98.

[92] 赵科印，季中扬. 论新农村文化建设中民间立场的缺位[J]. 求索，2011，10：67-69.

[93] 张伟兵，范会芳. "十二五"期间中国新农村建设的目标、理念和长效机制[J]. 中州学刊，2011，03：115-119.

[94] 赵吉林，桂河清. 中国家庭文化消费影响因素分析：来自 CHFS 的证据[J]. 消费经济，2014，06：25-31，54.

[95] 赵伟. 使用数学模型研究我国居民文化消费倾向[J]. 中国传媒大学学报（自然科学版），2006，03：52-56.

[96] 朱晓杰. 河南农村居民文化消费调查分析[J]. 农村、农业、农民（B版），2014，09：40-42.

[97] 朱玉春，唐娟莉，郑英宁. 欠发达地区农村公共服务满意度及其影响因素分析——基于西北五省 1478 户农户的调查[J]. 中国人口科学，2010，02：82-91，112.

[98] 张良. 实体性、规范性、信仰性：农村文化的三维性分析[J]. 中国农村观察，2010，02：87-96.

[99] 张珍瑜. 重庆农村文化消费现状及对策研究[D]. 重庆市：重庆师范大学，2013.

[100] 赵驹，甘宇，宋海雨. 农民工对城市公共文化产品供给的满意度实证研究[J]. 西南大学学报（社会科学版），2015，04：55-61，190.

附录：关于新型城镇化背景下农村居民文化艺术需求研究的调查问卷

编号：_____ 调查地点：_____省_____市（县）_____
镇（乡）_____村 调查员：_____

　　您好！我是天津商业大学的学生，现进行关于新型城镇化背景下农村居民文化艺术需求研究的问卷调查，希望得到相关的信息，感谢您在百忙之中协助我们调查。在作答时，请直接填写，答案无对错之分。所有资料将按国家《统计法》严格保密，因此不会对您造成任何不便。真诚感谢您的支持和配合！

基本信息

　　1. 您的性别：A 男　　　　B 女

　　2. 您的年龄_____。

　　3. 您的受教育年限_____年。

　　4. 您的职业是_____。

　　5. 您的政治面貌（　　　）。

　　A 群众　　　　B 中共党员　　　　C 共青团员　　　　D 宗教成员

　　6. 您的年均收入_____元，其中农业收入_____元；您的月均开销为_____元，其中用于文化消费的支出为_____元。

　　7. 您的家庭收入来源（可多选）：（　　　）

　　A 种植业或养殖业　　　　　　B 外出务工或经商

　　C 乡村医生或教师　　　　　　D 村干部　　　　E 其他

8. 您觉得自己身体健康状况如何？（　　　）

A 非常健康　B 比较健康　C 一般　D 比较差　E 非常差

9. 您对自己的收入水平状况评价是？（　　　）

A 较好　　　B 一般　　　C 较差

10.您是否有充足的闲暇时间？（　　）A 有　　B 没有

文化艺术消费情况调查

1. 请您对下列文化产品的消费情况作答。

文化产品类型	购买数量	购买单价	总花销
技能培训类			
报纸杂志类			
上网			
看电视			
棋牌类			
艺术馆或博物馆			
绘画			
休闲娱乐类			
合计			

2. 请选择您每天在下列文化产品消费中投入的时间。

文化产品类型	0 小时/天	(0，1) 小时/天	[1,2) 小时/天	[2,3) 小时/天	3 小时以上/天
技能培训类					
报纸杂志类					
上网					
看电视					
棋牌类					
艺术馆或博物馆					
绘画					
休闲娱乐类					

3. 您对现有文化产品消费满意度总体评价如何？（　　　）

A 非常满意　　　　　　B 比较满意　　　　　　C 一般

D 比较不满意　　　　　E 非常不满意

请根据实际情况打"√"回答您对以下具体文化产品消费的满意程度。

文化产品类型	非常不满意	比较不满意	一般	比较满意	非常满意
技能培训类					
报纸杂志类					
网络通信类					
棋牌类					
艺术类					
休闲娱乐类					

4. 您对现有文化产品市场供给完善程度总体评价如何？（　　　）

A 非常完善　　　　　　B 比较完善　　　　　　C 一般

D 比较不完善　　　　　E 非常不完善

请根据实际情况打"√"回答您对以下具体文化产品供给的完善程度的评价。

文化产品类型	非常不完善	比较不完善	一般	比较完善	非常完善
技能培训类					
报纸杂志类					
网络通信类					
棋牌类					
艺术类					
休闲娱乐类					

5. 您对现有文化产品消费价格水平总体评价如何？（　　　）

A 较高　　　　　　　　B 价位适中　　　　　　C 较低

请根据实际情况打"√"回答您对以下具体文化产品供给的价格评价。

文化产品类型	较高	价位适中	较低
技能培训类			
报纸杂志类			
棋牌类			
艺术类			
休闲娱乐类			

6. 请您对现有文化产品市场供给是否具有特色进行总体评价？（　　）

　　A 有　　　B 没有

　　请根据实际情况打"√"回答您对以下具体文化产品供给的市场特色评价。

文化产品类型	有	没有
技能培训类		
报纸杂志类		
网络通信类		
棋牌类		
艺术类		
休闲娱乐类		

7. 请您对现有文化产品市场供给是否多样进行总体评价？（　　）

　　A 是　　　B 否

　　请根据实际情况打"√"回答您对以下具体文化产品市场供给的多样性评价。

文化产品类型	是	否
技能培训类		
报纸杂志类		
网络通信类		
棋牌类		
艺术类		
休闲娱乐类		

8. 请您对现有文化产品市场监管是否规范进行总体评价？
（　　　）

A 规范　　　B 不规范

请根据实际情况打"√"回答您对以下具体文化产品市场监管的规范性评价。

文化产品类型	规范	不规范
技能培训类		
报纸杂志类		
网络通信类		
棋牌类		
艺术类		
休闲娱乐类		

9. 您觉得城镇化前后您的文化需求有变化吗？（　　　）

A 增加了，愿意花费在文化方面的支出较城镇化前增加了
_____元/月

B 没变化

C 降低了，愿意花费在文化方面的支出较城镇化前减少了
_____元/月

请根据城镇化前后的文化消费情况打"√"回答以下产品的文化消费的年支出情况。

文化产品类型	城镇化前（元/年）	城镇化后（元/年）	变化情况 （增加或者减少）
技能培训类			
报纸杂志类			
网络通信类			
棋牌类			
艺术类			
休闲娱乐类			

10. 新型城镇化前，请根据您参与下列活动的频率打"√"作答。

文化产品类型	几乎每天参与	经常参加	偶尔	一年几次	从不
总体情况					
技能培训类					
报纸杂志类					
网络通信类					
棋牌类					
艺术类					
休闲娱乐类					

11. 新型城镇化后，请根据您参与下列活动的频率打"√"作答。

文化产品类型	几乎每天参与	经常参加	偶尔	一年几次	从不
总体情况					
技能培训类					
报纸杂志类					
网络通信类					
棋牌类					
艺术类					
休闲娱乐类					

12. 您是否愿意把多余的钱用来进行文化产品消费？（　　　）

A 非常愿意　　　　B 比较愿意　　　　C 一般

D 比较不愿意　　　E 非常不愿意

请根据具体的文化产品类型对您的消费意愿打"√"作答。

文化产品类型	非常不愿意	比较不愿意	一般	比较愿意	非常愿意
技能培训类					
报纸杂志类					
网络通信类					
棋牌类					
艺术类					
休闲娱乐类					

13. 如果有足够的金钱，您更愿意消费何种类型的文化产品，请按最不愿意（1）到最愿意（6）排序。

文化产品类型	排序
技能培训类	
报纸杂志类	
网络通信类	
棋牌类	
艺术类	
休闲娱乐类	

14. 您是否会消费他人推荐的文化产品？（　　　）

A 是　　　　B 否

15. 您觉得影响您文化消费意愿的最主要原因是（可多选）（　　　）

A 文化消费产品、服务的价格

B 有足够的闲暇时间

C 合适的文化设施与场所

D 家人、朋友的推荐

E 个人收入水平

F 个人兴趣爱好

G 产品服务质量

H 潮流时尚

I 其他_____

16. 请根据具体的文化产品类型对您的支付意愿打"√"作答。

文化产品类型	不愿意	收入的10%及以下	收入的10%～20%	收入的20%～30%	收入的30%～40%	收入的40%以上
技能培训类						
报纸杂志类						
网络通信类						
棋牌类						
艺术类						
休闲娱乐类						

社区环境

1. 您所在村是否已经城镇化？（　　）

A 尚未城镇化　　　　　　B 已经城镇化

2. 您觉得您所在村的文化基础设施供给是否充足？（　　）

A 是　　　　　　　　　　B 否

3. 您对现有公共文化服务是否满意？（　　）

A 非常不满意　　　　B 比较不满意　　　　C 一般

D 比较满意　　　　　E 非常满意

4. 您所在村是否定期组织文化活动？（　　）

A 没有　　　　　　　B 几乎没有　　　　　C 比较少

D 一般　　　　　　　E 比较多　　　　　　F 很多

5. 您所在村提供的文化设施是否便利？（　　）

A 非常不便　　　　　B 较为不便　　　　　C 一般

D 较为便利　　　　　E 非常便利

6. 您觉得您所在村的公共文化服务质量如何？（　　）

A 非常劣质　　　　　B 较劣质　　　　　　C 一般

D 较优质　　　　　　E 非常优质

7. 您觉得您所在村的文化管理机制是否健全？（　　）

A 非常不健全　　　　B 比较不健全　　　　C 一般

D 比较健全　　　　　E 非常健全

8. 您觉得您所在村的文化产品消费氛围如何？（　　）

A 非常不浓　　　　　B 比较不浓　　　　　C 一般

D 比较浓厚　　　　　E 非常浓厚

政策改进

1. 您认为如何才能更好地促进文化消费？（可多选）（　　）

A 文化产品服务价格能再低一些

B 文艺演出、书报杂志等内容能更有看头

C 周边能找到更多合适的文化设施或场所

D 多放长假，促进消费

E 定期免费开放文化艺术场所

F 定期开展文化活动

G 加大宣传力度，拓宽宣传渠道

H 加大政府补贴力度，提高农民收入水平

I 保护农村特色文化

J 规范文化消费市场

K 其他_____

2. 您对天津市文化产业的发展有哪些建议？

_____

_____

_____

_____